herb kraus

TASTENDRÜCKER

Tastendrücker

Du kannst dir die Audio-Tracks zu diesem Buch (im MP3-Format) ganz einfach auf dein Smartphone, dein Tablet oder deinen Computer laden. Scanne dafür den QR-Code links und entpacke die heruntergeladene Datei mit einem Doppelklick.

Covergestaltung: OZ, Essen (Katrin und Christian Brackmann)
Illustrationen: Miriam Kraus

© 2009 VOGGENREITER VERLAG OHG
Wittfelder Stich 1, D-53343 Wachtberg
www.voggenreiter.de
Telefon: 0228.93 575-0

Auflage 2021

ISBN: 978-3-8024-0638-6

Vorwort

Herzlichen Glückwunsch zum Kauf dieses Buches. Bei der Erstellung wurde besonders darauf geachtet, dass Inhalt und Formulierungen leicht verständlich und für jeden nachvollziehbar dargestellt sind.
Nicht zuletzt die pädagogische und didaktische Erfahrung des Autors haben dazu beigetragen, dass diese Schule gleichermaßen sowohl für den Unterricht an Musikschulen als auch für Autodidakten die optimale Grundlage zum Erlernen des Klavier- und Keyboardspiels bietet.

Für das Arbeiten mit dieser Schule sind keinerlei Vorkenntnisse erforderlich. Die Übungen sind zum direkten Mitspielen und in den Schwierigkeitsgraden chronologisch aufgebaut.

Sowohl die Songbegleitung als auch das Solospiel werden in zahlreichen Beispielen gezeigt und erklärt. Die Übungen sind thematisch zu CD-Tracks zusammengefasst. Bei den zusammengefassten Übungen sind die jeweiligen Startpunkte in „Min./Sec." angegeben.

Die Stücke, bei denen beide Hände gleichzeitig spielen, sind so aufgenommen, dass die Hände getrennt auf dem rechten bzw. dem linken Stereo-Kanal zu hören sind. So kann durch Wegblenden eines Kanals die fehlende Stimme zur Eingespielten ergänzt werden.

Diese Schule enthält gleichzeitig einen Einstieg in die Harmonielehre für Rock, Pop, Blues und Jazz. Es werden an den gegebenen Stellen die harmonischen Zusammenhänge erklärt. Auf diese Weise wird das Verstehen des Erlernten optimal unterstützt. Gerade für das freie Spiel und die Improvisation ist dies eine sehr hilfreiche Ergänzung.

Ein breites Spektrum der verschiedenen Musikstile bietet einen leichten Einstieg in die vielschichtige Welt des Klavier- und Keyboardspiels.
Der Anhang zeigt eine kurze Übersicht zu den keyboardspezifischen Spielhilfen der Bass- und Akkordbegleitautomatik.

Abgerundet wird dieses Buch durch zahlreiche Tipps und Tricks, die der Autor im Laufe seiner langjährigen Praxis als Pädagoge und Keyboarder gesammelt hat.

Inhaltsverzeichnis

1.   Die Tastatur

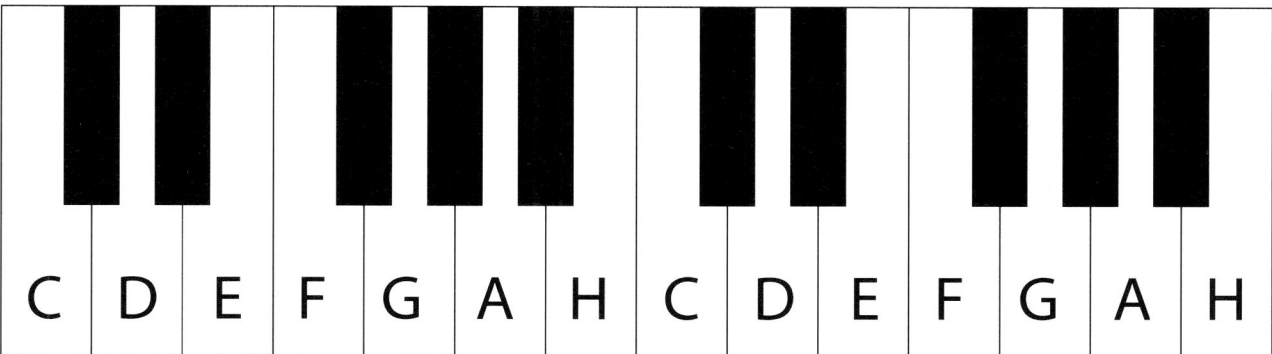

Die oben gezeigte Tastatur zeigt uns, dass immer **zwei** schwarze Tasten eine Gruppe und **drei** schwarze Tasten eine weitere Gruppe bilden. Diese Aufteilung ermöglicht es, die Tasten zu benennen.

Beispiel:

Der Ton „c" befindet sich immer links neben den **zwei** schwarzen Tasten.
Der Ton „d" befindet sich immer zwischen den **zwei** schwarzen Tasten.
Der Ton „e" befindet sich immer rechts neben den **zwei** schwarzen Tasten.
Der Ton „f" befindet sich immer links neben den **drei** schwarzen Tasten usw.

Zur Bezeichnung der schwarzen Tasten kommen wir im weiteren Verlauf des Buches noch.

2.   Der Fingersatz

Der Fingersatz legt fest, mit welchem Finger eine bestimmte Taste gedrückt wird. Die Finger werden mit den Zahlen von 1 bis 5 gekennzeichnet.

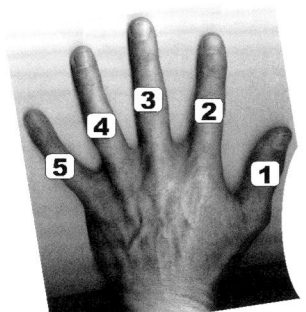 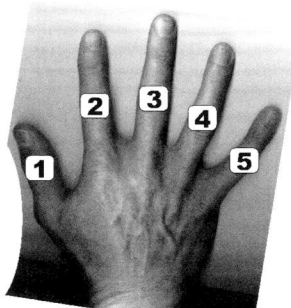

linke Hand   rechte Hand

1 = Daumen
2 = Zeigefinger
3 = Mittelfinger
4 = Ringfinger
5 = Kleiner Finger

3.   Die Haltung der Hände

Wie auf der nachstehenden Abbildung zu sehen ist, liegen die Fingerspitzen auf den Tasten und zwar je ein Finger auf einer Taste. Dabei sind die Finger „gerundet". Wenn wir nun eine Taste drücken, bewegt sich nur der Finger, der die Taste nach unten drückt, die anderen Finger bleiben in ihrer ursprünglichen Haltung.

Übung:

Wir legen den Daumen der rechten Hand auf ein „c" im mittleren Bereich unseres Keyboards. Die anderen Finger liegen auf den folgenden weißen Tasten. Der Fingersatz lautet also:

Daumen auf	c
Zeigefinger auf	d
Mittelfinger auf	e
Ringfinger auf	f
Kleiner Finger auf	g

Nun drückt der Daumen den Ton „c". Die anderen Finger bleiben in ihrer Ausgangsstellung. Wir nehmen den Daumen wieder hoch und wiederholen die Übung mehrmals.
Nun drückt der Zeigefinger den Ton „d". Die anderen Finger bleiben wieder unverändert. Wir nehmen den Zeigefinger wieder hoch und wiederholen die Übung mehrmals.
Genauso üben wir auch noch mit Mittel-, Ring- und kleinem Finger.

Es folgt die gleiche Übung mit der linken Hand. Hier lautet der Fingersatz:

Kleiner Finger auf	c
Ringfinger auf	d
Mittelfinger auf	e
Zeigefinger auf	f
Daumen auf	g

4.   Grundlagen der Notation

Noten werden in ein Notensystem notiert. Am Anfang eines Notensystems steht zunächst der Notenschlüssel. Dies ist in der Regel für die rechte Hand der Violinschlüssel und für die linke Hand der Bass-Schlüssel.

Je nachdem, ob die Noten im Violin- oder im Bass-Schlüssel notiert sind, haben sie ihre Tonhöhe betreffend eine andere Bedeutung.

Die Bezeichnung 4/4 hinter dem Notenschlüssel bezeichnet die Taktart. Sie sagt uns, wie viele Noten in einem Takt Platz haben. Im 4/4-Takt passen 4 Viertelnoten in den Takt oder so viele Noten, wie einzeln oder als Gruppe der Wertigkeit von 4 Viertelnoten entsprechen. Beispiel:
4 Viertel sind so viel wie ein Ganzes. Dem entsprechend füllt eine ganze Note ebenfalls genau einen 4-Viertel-Takt. (Die Erklärung der Notenwerte, Ganze Note, Halbe Note, Viertelnote usw., erfolgt im weiteren Verlauf des Buches.)

Anstelle des 4/4-Zeichens steht auch oft ein C.

Der Violinschlüssel mit nachfolgender Taktangabe:

Der Bass-Schlüssel mit nachfolgender Taktangabe:

Die senkrechten Striche im Notensystem sind die Taktstriche. Sie trennen die einzelnen Takte voneinander. Ein doppelter Taktstrich bezeichnet einen musikalischen Abschnitt. Ein doppelter Taktstrich mit einer dickeren rechten Linie bezeichnet das Ende eines Stückes.

Die Tönhöhe hängt davon ab, auf welcher Linie oder in welchem Zwischenraum die Noten notiert sind.

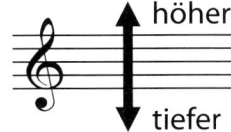

Noten, die für das Notensystem zu tief oder zu hoch liegen, werden mit Hilfslinien notiert.

9

Ganze Noten haben „hohle" Notenköpfe und keinen Notenhals.
In der folgenden Übung drücken wir die Taste der entsprechenden Note und zählen dabei 1, 2, 3, 4. Dann lassen wir die Taste wieder los, drücken im gleichen Moment die nächste Taste und zählen wieder bis vier, usw.

Die beiden Punkte bilden zusammen mit dem Doppelstrich ein **Wiederholungszeichen**. Es bedeutet, dass die ganze Übung von Anfang an wiederholt wird.

Die folgende Übung ist das Tonbeispiel 1 auf der CD. Zum besseren Finden des Anfangs sind vorher vier „Klicks", sogenannte Vorzähler, zu hören.

5. Übungen mit Ganzen Noten

Spiele mit der rechten Hand. Wiederhole die Übung mehrmals.

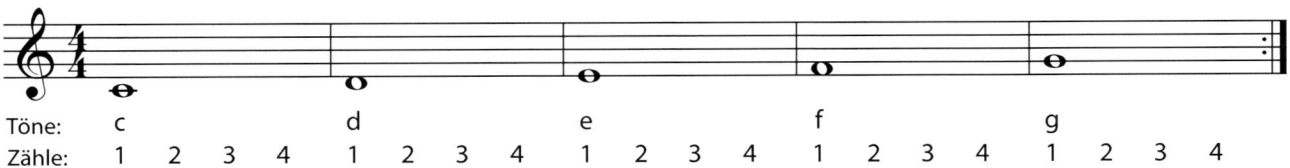

Töne:	c				d				e				f				g			
Zähle:	1	2	3	4	1	2	3	4	1	2	3	4	1	2	3	4	1	2	3	4

Spiele mit der linken Hand. Wiederhole die Übung mehrmals.

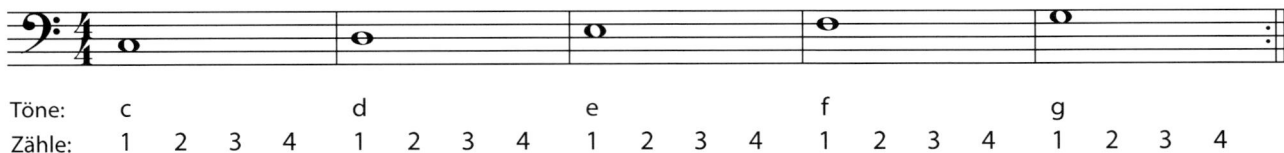

Töne:	c				d				e				f				g			
Zähle:	1	2	3	4	1	2	3	4	1	2	3	4	1	2	3	4	1	2	3	4

Spiele mit beiden Händen gleichzeitig. Wiederhole die Übung mehrmals.

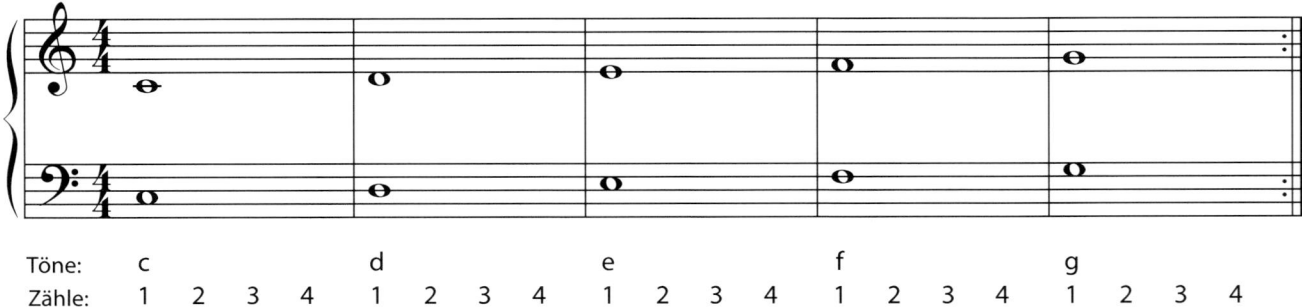

Töne:	c				d				e				f				g			
Zähle:	1	2	3	4	1	2	3	4	1	2	3	4	1	2	3	4	1	2	3	4

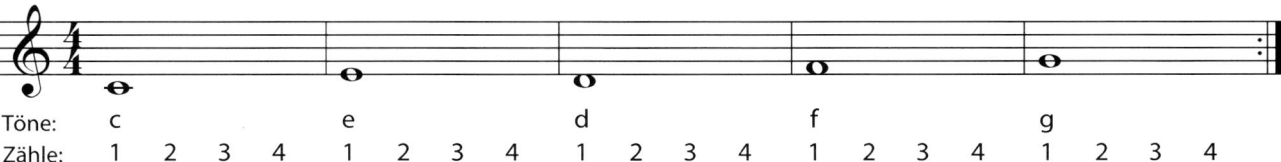

1.2 0:40

Spiele mit der rechten Hand. Wiederhole die Übung mehrmals.

Töne: c   e   d   f   g
Zähle: 1 2 3 4   1 2 3 4   1 2 3 4   1 2 3 4   1 2 3 4

Spiele mit der linken Hand. Wiederhole die Übung mehrmals.

Töne: c   e   d   f   g
Zähle: 1 2 3 4   1 2 3 4   1 2 3 4   1 2 3 4   1 2 3 4

Spiele mit beiden Händen gleichzeitig. Wiederhole die Übung mehrmals.

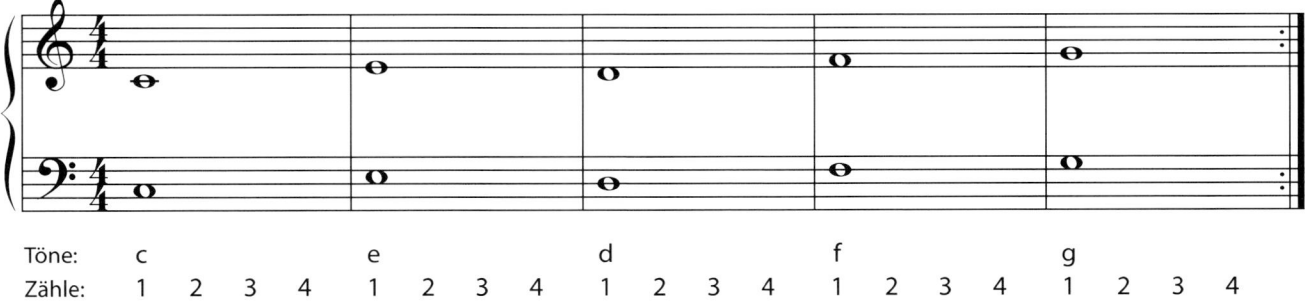

Töne: c   e   d   f   g
Zähle: 1 2 3 4   1 2 3 4   1 2 3 4   1 2 3 4   1 2 3 4

1.3 1:19

Spiele mit der rechten Hand. Wiederhole die Übung mehrmals.

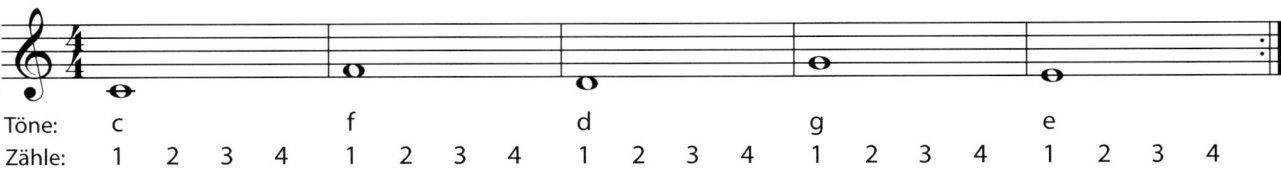

Töne: c   f   d   g   e
Zähle: 1 2 3 4   1 2 3 4   1 2 3 4   1 2 3 4   1 2 3 4

Spiele mit der linken Hand. Wiederhole die Übung mehrmals.

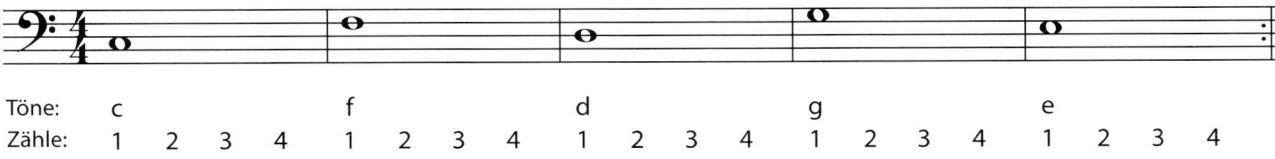

Töne: c   f   d   g   e
Zähle: 1 2 3 4   1 2 3 4   1 2 3 4   1 2 3 4   1 2 3 4

Spiele mit beiden Händen gleichzeitig. Wiederhole die Übung mehrmals.

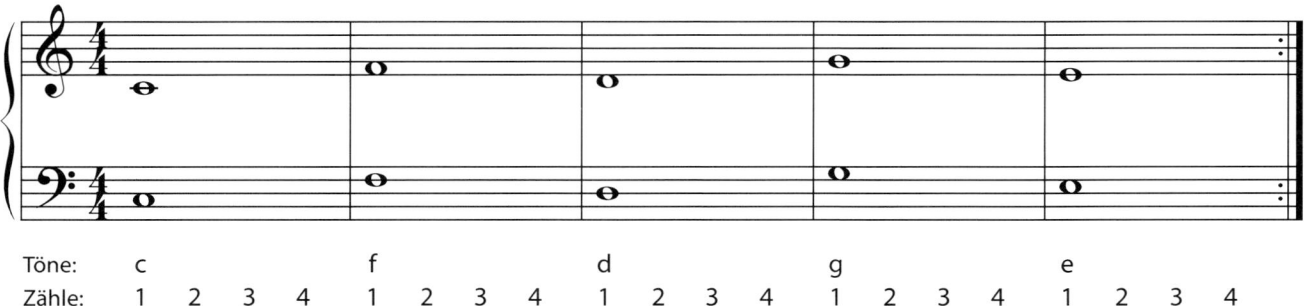

Töne:	c				f				d				g				e			
Zähle:	1	2	3	4	1	2	3	4	1	2	3	4	1	2	3	4	1	2	3	4

 **1:58**

Spiele mit der rechten Hand. Wiederhole die Übung mehrmals.

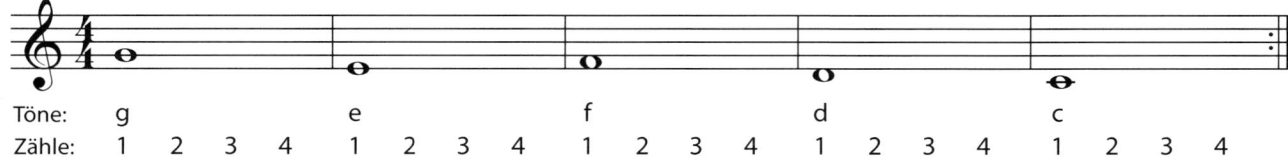

Töne:	g				e				f				d				c			
Zähle:	1	2	3	4	1	2	3	4	1	2	3	4	1	2	3	4	1	2	3	4

Spiele mit der linken Hand. Wiederhole die Übung mehrmals.

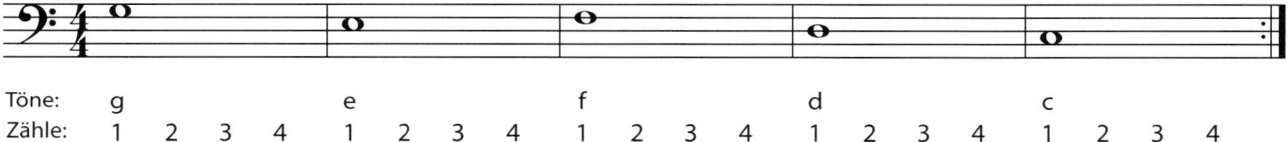

Töne:	g				e				f				d				c			
Zähle:	1	2	3	4	1	2	3	4	1	2	3	4	1	2	3	4	1	2	3	4

Spiele mit beiden Händen. Wiederhole die Übung mehrmals.

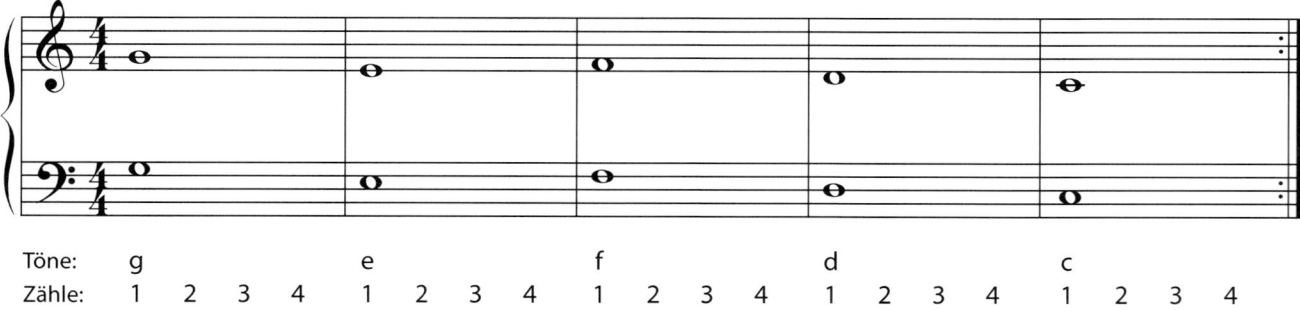

Töne:	g				e				f				d				c			
Zähle:	1	2	3	4	1	2	3	4	1	2	3	4	1	2	3	4	1	2	3	4

6. Übungen mit Ganzen Noten und Halben Noten

Halbe Noten haben „hohle" Notenköpfe und einen Notenhals.
Eine Halbe Note zählt 2 Schläge, z. B. 1, 2 oder 3, 4.
Die Notenhälse werden bis zum Ton unter der mittleren Linie des Notensystems nach oben, und
ab einschließlich der mittleren Linie nach unten notiert.

Spiele mit der rechten Hand. Wiederhole die Übung mehrmals.

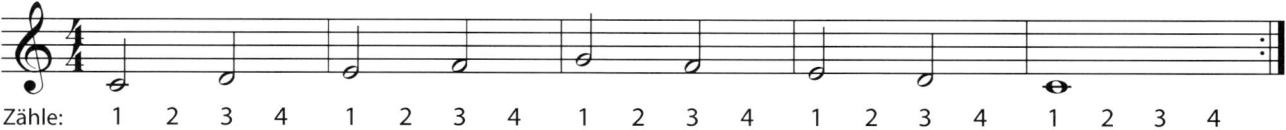

Spiele mit der linken Hand. Wiederhole die Übung mehrmals.

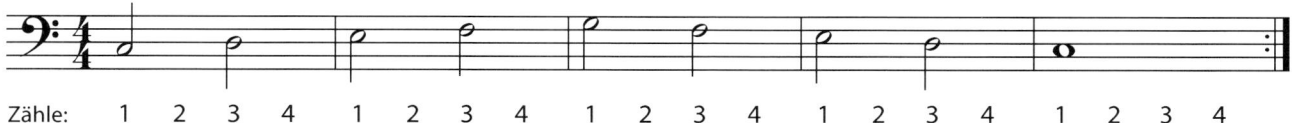

Spiele mit beiden Händen gleichzeitig. Wiederhole die Übung mehrmals.

 0:39

Spiele mit der rechten Hand. Wiederhole die Übung mehrmals.

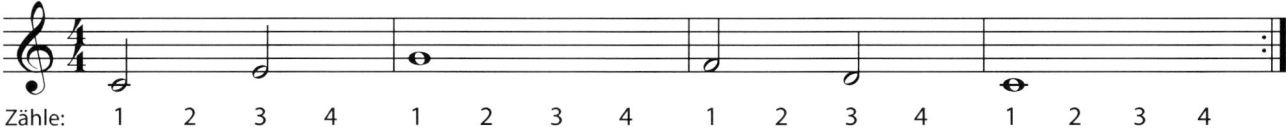

Spiele mit der linken Hand. Wiederhole die Übung mehrmals.

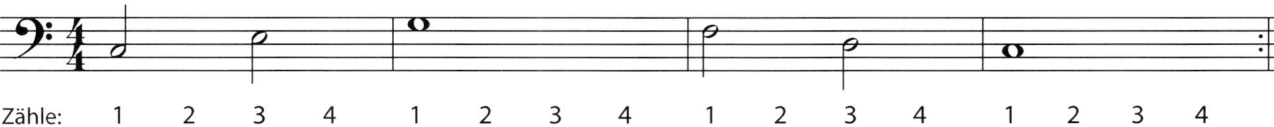

Spiele mit beiden Händen gleichzeitig. Wiederhole die Übung mehrmals.

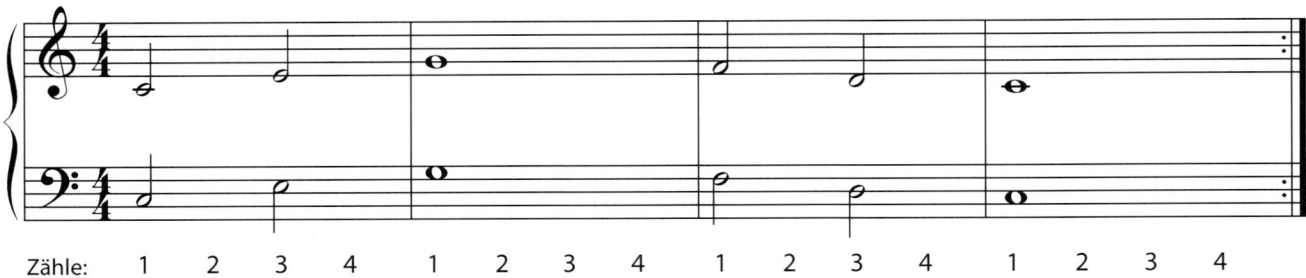

Zähle: 1 2 3 4   1 2 3 4   1 2 3 4   1 2 3 4

 1:12

Spiele mit der rechten Hand. Wiederhole die Übung mehrmals.

Zähle: 1 2 3 4   1 2 3 4   1 2 3 4   1 2 3 4

Spiele mit der linken Hand. Wiederhole die Übung mehrmals.

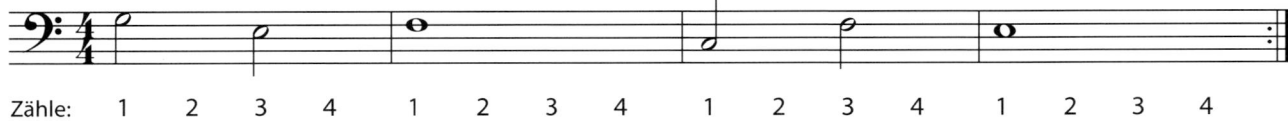

Zähle: 1 2 3 4   1 2 3 4   1 2 3 4   1 2 3 4

Spiele mit beiden Händen gleichzeitig. Wiederhole die Übung mehrmals.

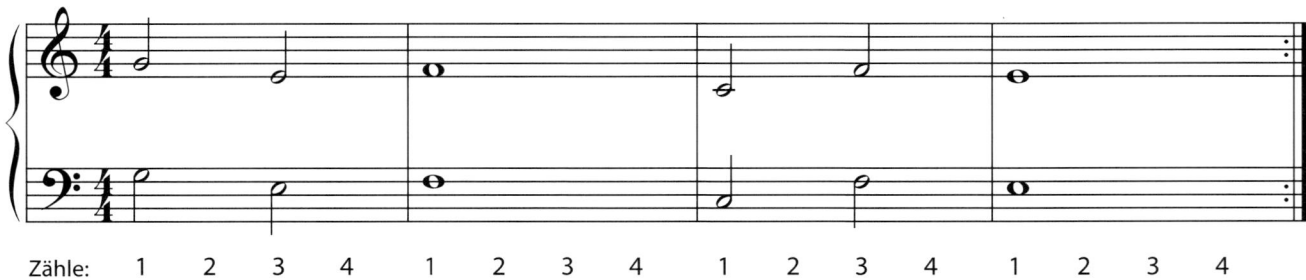

Zähle: 1 2 3 4   1 2 3 4   1 2 3 4   1 2 3 4

 **2.4** 1:45

Spiele mit der rechten Hand. Wiederhole die Übung mehrmals.

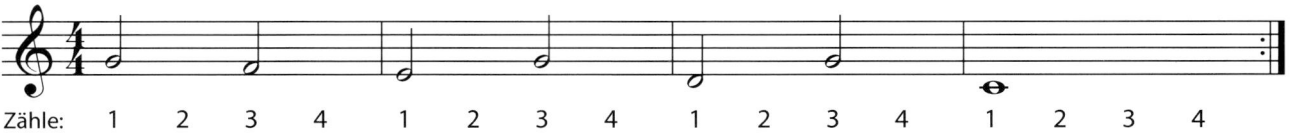

Zähle: 1   2   3   4   1   2   3   4   1   2   3   4   1   2   3   4

Spiele mit der linken Hand. Wiederhole die Übung mehrmals.

Zähle: 1   2   3   4   1   2   3   4   1   2   3   4   1   2   3   4

Spiele mit beiden Händen gleichzeitig. Wiederhole die Übung mehrmals.

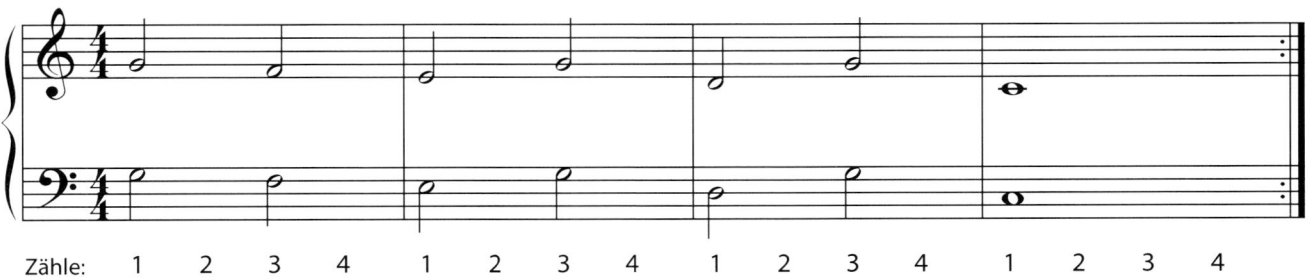

Zähle: 1   2   3   4   1   2   3   4   1   2   3   4   1   2   3   4

7. Übungen mit Ganzen Noten und Viertelnoten

Viertelnoten haben schwarze Notenköpfe und einen Notenhals.
Bei den Viertelnoten zählen wir für jede Note eine Zählzeit.

Spiele mit der rechten Hand. Wiederhole die Übung mehrmals.

Zähle: 1   2   3   4   1   2   3   4   1   2   3   4

Spiele mit der linken Hand. Wiederhole die Übung mehrmals.

Zähle: 1   2   3   4   1   2   3   4   1   2   3   4

Spiele mit beiden Händen gleichzeitig. Wiederhole die Übung mehrmals.

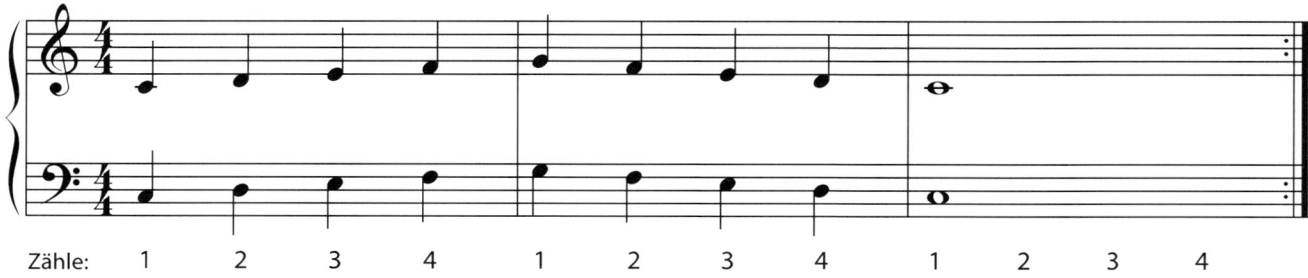

Zähle: 1   2   3   4   1   2   3   4   1   2   3   4

 0:30

Spiele mit der rechten Hand. Wiederhole die Übung mehrmals.

Zähle: 1   2   3   4   1   2   3   4   1   2   3   4

Spiele mit der linken Hand. Wiederhole die Übung mehrmals.

Zähle: 1   2   3   4   1   2   3   4   1   2   3   4

Spiele mit beiden Händen gleichzeitig. Wiederhole die Übung mehrmals.

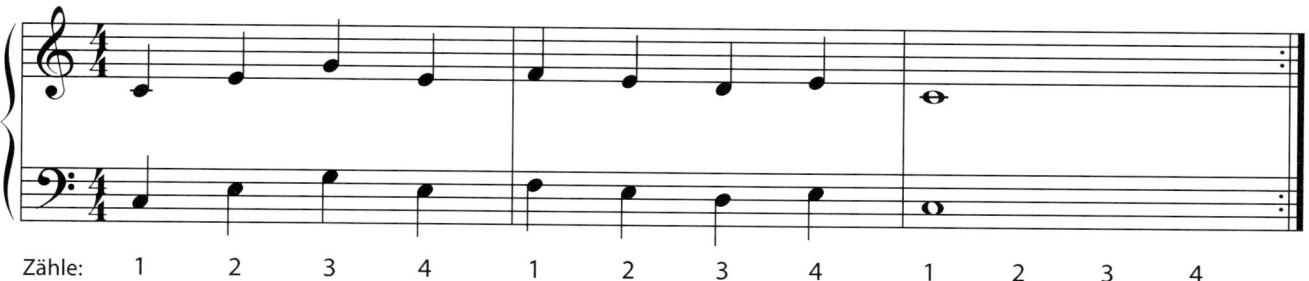

Zähle: 1   2   3   4   1   2   3   4   1   2   3   4

 0:59

Spiele mit der rechten Hand. Wiederhole die Übung mehrmals.

Zähle: 1   2   3   4   1   2   3   4   1   2   3   4

Spiele mit der linken Hand. Wiederhole die Übung mehrmals.

Zähle: 1   2   3   4   1   2   3   4   1   2   3   4

Spiele mit beiden Händen gleichzeitig. Wiederhole die Übung mehrmals.

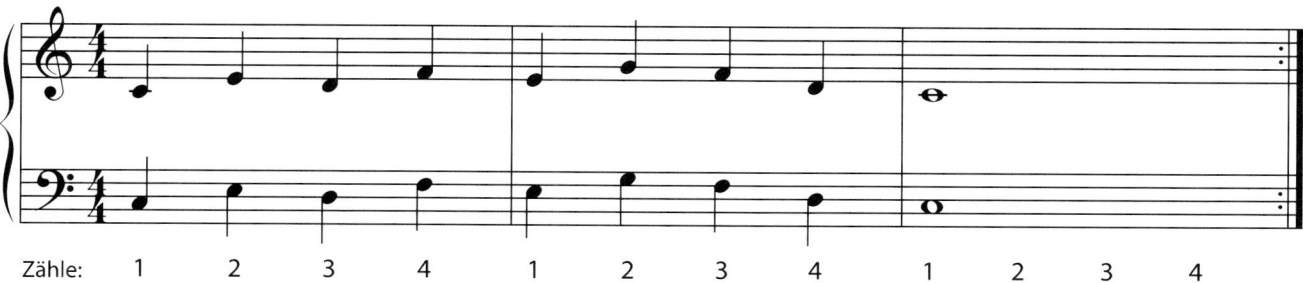

Zähle: 1   2   3   4   1   2   3   4   1   2   3   4

„An die Freude" wurde von Ludwig van Beethoven komponiert. Er lebte von 1770 bis 1827. Das Werk ist auch bekannt unter dem Titel „Freude schöner Götterfunken". Die hier gezeigte Bearbeitung beinhaltet nur den ersten Teil des Stückes.

Spiele die Hände zunächst einzeln, erst dann zusammen.

8.   An die Freude

Komposition: Beethoven, Bearbeitung: Herbert Kraus-Detemple
© Voggenreiter Verlag, Bonn

9. Übungen mit Viertel- und Achtelnoten

Bei den Achtelnoten zählen wir noch zusätzlich zwischen den Hauptzählzeiten (1,2,3,4) mit dem Wort „und" die zusätzlichen Achtelnoten. Im Notenbild wird dieses „und" mit einem „+" gekennzeichnet, z. B. 1 + 2 , 3 + 4.

Achtelnoten, die alleine stehen, haben einen Notenhals mit einem „Fähnchen".
Achtelnoten in einer Gruppe sind mit einem „Balken" verbunden. In der Mitte des Taktes wird der Balken aus Gründen der Übersichtlichkeit unterbrochen.

Spiele mit der rechten Hand. Wiederhole die Übung mehrmals.

Spiele mit der linken Hand. Wiederhole die Übung mehrmals.

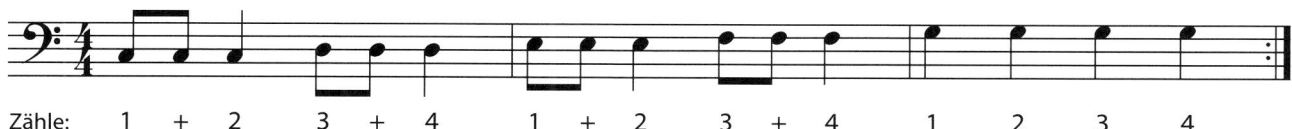

Spiele mit beiden Händen gleichzeitig. Wiederhole die Übung mehrmals.

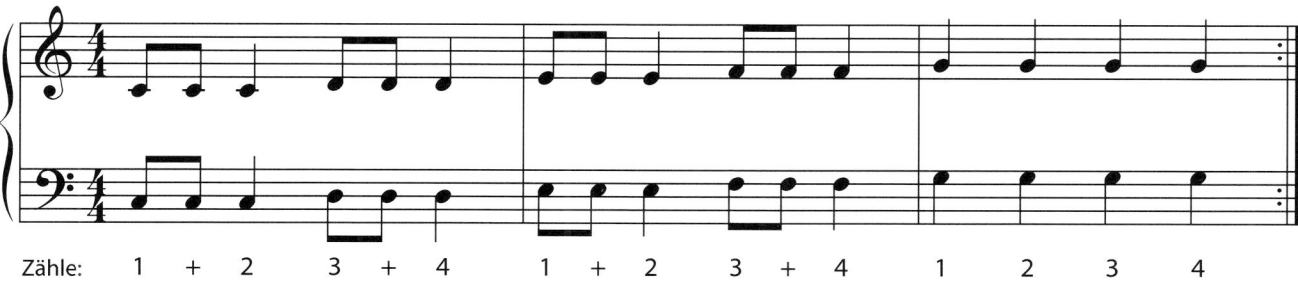

9.1   Heute woll'n wir tanzen gehn

 0:32

Komposition: Herbert Kraus-Detemple
© Voggenreiter Verlag, Bonn

Spiele mit der rechten Hand. Wiederhole die Übung mehrmals.

Spiele mit der linken Hand. Wiederhole die Übung mehrmals.

Spiele mit beiden Händen gleichzeitig. Wiederhole die Übung mehrmals.

9.2 Schritt für Schritt

 1:44

Komposition: Herbert Kraus-Detemple
© Voggenreiter Verlag, Bonn

Spiele mit der rechten Hand. Wiederhole die Übung mehrmals.

Spiele mit der linken Hand. Wiederhole die Übung mehrmals.

Spiele mit beiden Händen gleichzeitig. Wiederhole die Übung mehrmals.

Zum Abschluss dieses Kapitels folgt nun das Weihnachtslied „Morgen kommt der Weihnachtsmann". In diesem Stück verlassen wir den 5-Tonraum und nehmen einen neuen Ton hinzu. Es ist der Ton a. Um diesen Ton fließend zu erreichen, spielt die rechte Hand den davor liegenden Melodieton g mit dem 4. Finger (Ringfinger). So lässt sich das a bequem mit dem kleinen Finger spielen.

Im folgenden Takt wird der Ringfinger auf das f gesetzt. Nun spielen die Finger der Reihe nach bis zum c.

Bei der linken Hand wird das g mit dem 2. Finger (Zeigefinger) gespielt. Das a wird jetzt mit dem Daumen erreicht. Das f im folgenden Takt wird ebenfalls mit dem Zeigefinger gespielt und die Finger gehen der Reihe nach bis zum c.

Übe die Hände zunächst einzeln, erst dann zusammen.

9.3   Morgen kommt der Weihnachtsmann

Volksweise, Bearbeitung: Herbert Kraus-Detemple
© Voggenreiter Verlag, Bonn

10. Übungen mit Ganzen Pausen

Genau wie die Noten haben auch die Pausen verschiedenen Längen.
Für jeden Notenwert gibt es auch die entsprechende Pause, also Ganze Pause, Halbe Pause, Viertelpause, Achtelpause, usw.
Wenn eine Pause notiert ist, hören wir an dieser Stelle nichts, eben eine Pause.
Achte darauf, genau an den Pausenstellen die Tasten loszulassen.

Spiele mit der rechten Hand. Wiederhole die Übung mehrmals.

Spiele mit der linken Hand. Wiederhole die Übung mehrmals.

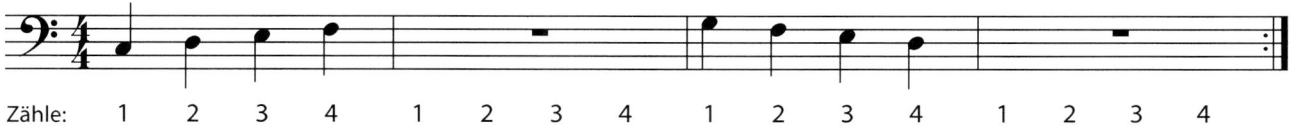

Spiele mit beiden Händen gleichzeitig. Wiederhole die Übung mehrmals.

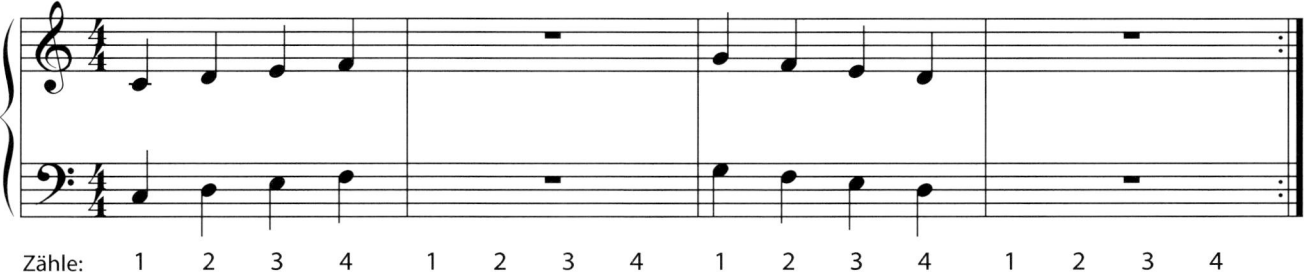

 0:33

Spiele mit der rechten Hand. Wiederhole die Übung mehrmals.

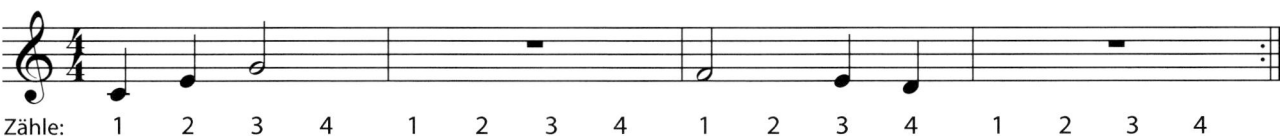

Spiele mit der linken Hand. Wiederhole die Übung mehrmals.

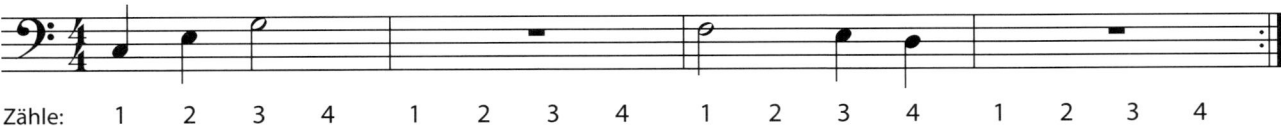

Zähle: 1   2   3   4   1   2   3   4   1   2   3   4   1   2   3   4

Spiele mit beiden Händen gleichzeitig. Wiederhole die Übung mehrmals.

Zähle: 1   2   3   4   1   2   3   4   1   2   3   4   1   2   3   4

11.   Übungen mit Halben Pausen

Spiele mit der rechten Hand. Wiederhole die Übung mehrmals.

Zähle: 1   2   3   4   1   2   3   4   1   2   3   4   1   2   3   4

Spiele mit der linken Hand. Wiederhole die Übung mehrmals.

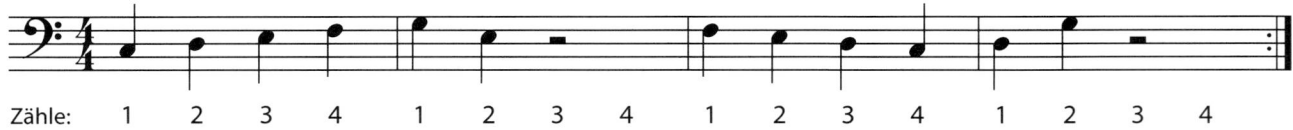

Zähle: 1   2   3   4   1   2   3   4   1   2   3   4   1   2   3   4

Spiele mit beiden Händen gleichzeitig. Wiederhole die Übung mehrmals.

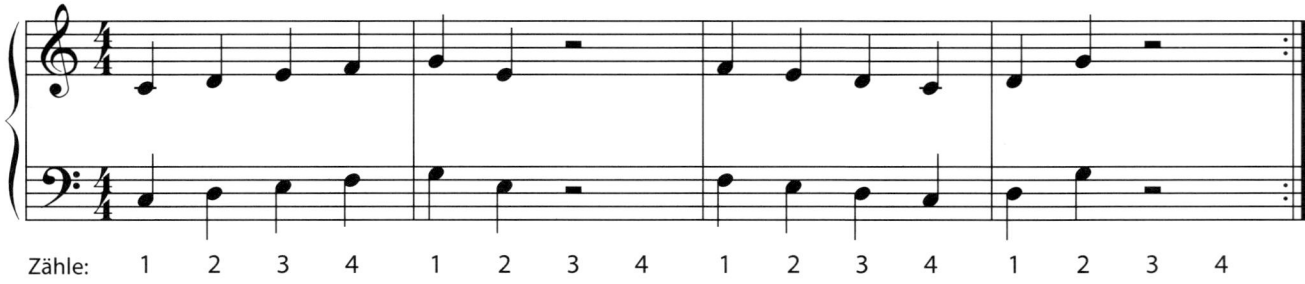

Zähle: 1   2   3   4   1   2   3   4   1   2   3   4   1   2   3   4

 **7.2** 0:33

Spiele mit der rechten Hand. Wiederhole die Übung mehrmals.

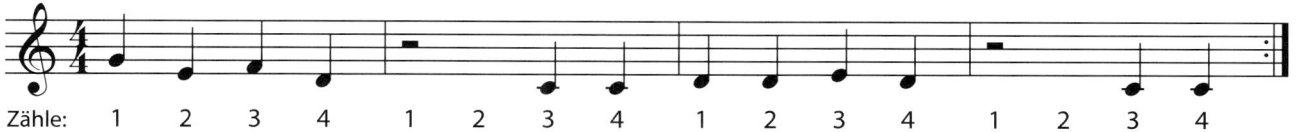

Zähle: 1 2 3 4 1 2 3 4 1 2 3 4 1 2 3 4

Spiele mit der linken Hand. Wiederhole die Übung mehrmals.

Zähle: 1 2 3 4 1 2 3 4 1 2 3 4 1 2 3 4

Spiele mit beiden Händen gleichzeitig. Wiederhole die Übung mehrmals.

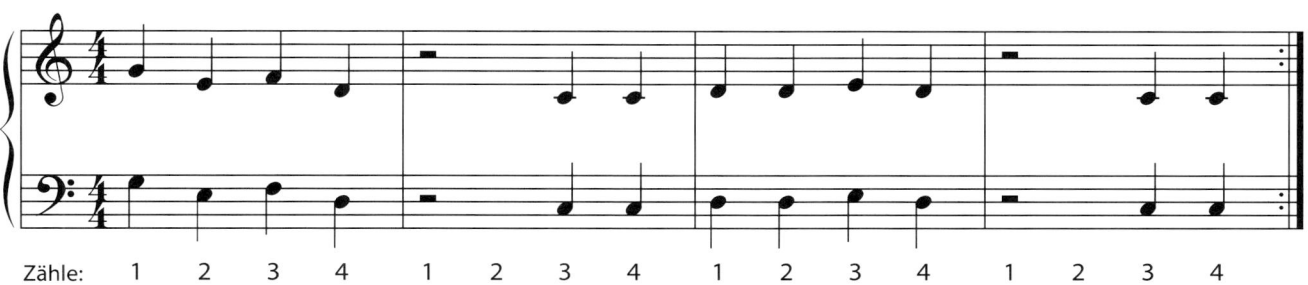

Zähle: 1 2 3 4 1 2 3 4 1 2 3 4 1 2 3 4

12. Übungen mit Viertelpausen

 **8.1**

Spiele mit der rechten Hand. Wiederhole die Übung mehrmals.

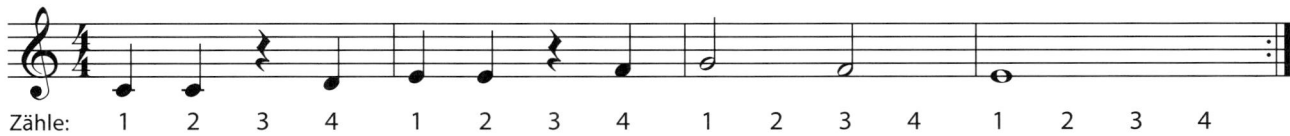

Zähle: 1 2 3 4 1 2 3 4 1 2 3 4 1 2 3 4

Spiele mit der linken Hand. Wiederhole die Übung mehrmals.

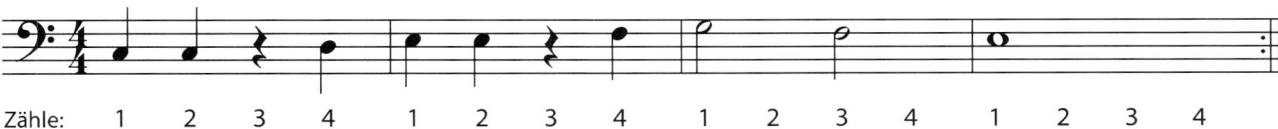

Zähle: 1 2 3 4 1 2 3 4 1 2 3 4 1 2 3 4

Spiele mit beiden Händen gleichzeitig. Wiederhole die Übung mehrmals.

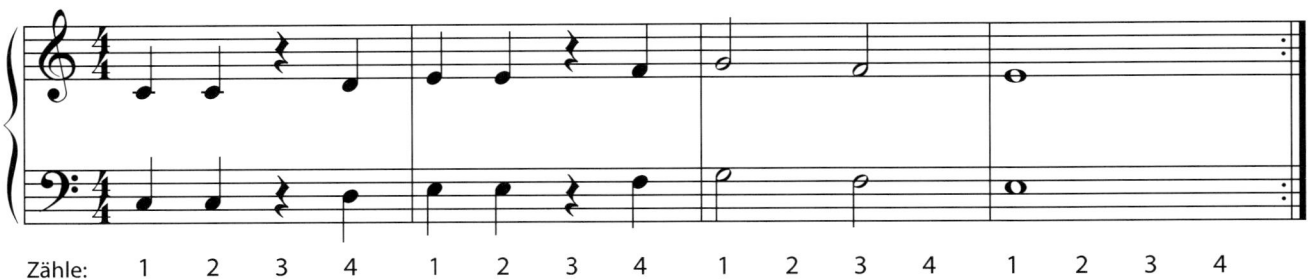

Zähle: 1   2   3   4   1   2   3   4   1   2   3   4   1   2   3   4

 8.2 0:32

Spiele mit der rechten Hand. Wiederhole die Übung mehrmals.

Zähle: 1   2   3   4   1   2   3   4   1   2   3   4   1   2   3   4

Spiele mit der linken Hand. Wiederhole die Übung mehrmals.

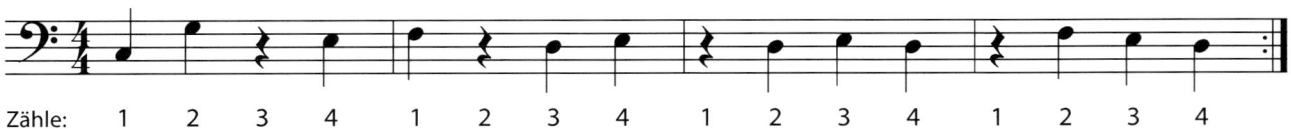

Zähle: 1   2   3   4   1   2   3   4   1   2   3   4   1   2   3   4

Spiele mit beiden Händen. Wiederhole die Übung mehrmals.

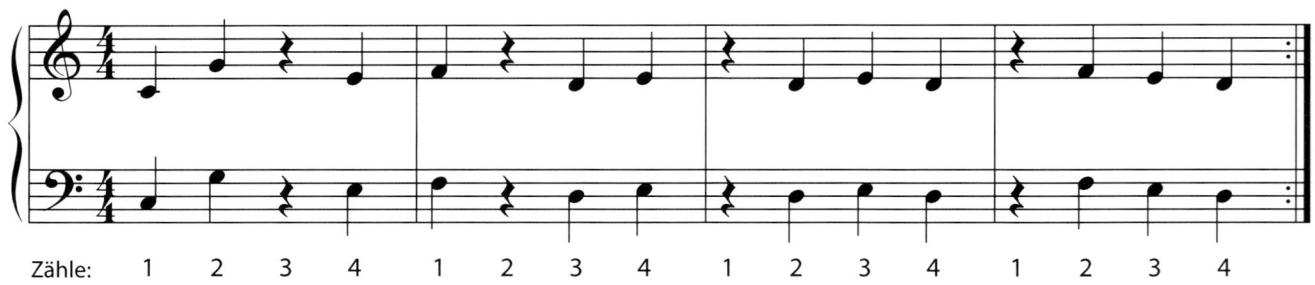

Zähle: 1   2   3   4   1   2   3   4   1   2   3   4   1   2   3   4

13. Melodie und Bassbegleitung

In diesem Kapitel spielen beide Hände unabhängig voneinander. Die rechte Hand spielt die Melodie und die linke Hand den Bass. Der Fingersatz ist genau wie in den vorigen Übungen. Zur Sicherheit ist er an manchen Stellen im Bass noch angezeigt.

Übe die Hände zunächst einzeln, erst dann zusammen.

13.1 Früh am Morgen

Komposition: Herbert Kraus-Detemple
© Voggenreiter Verlag, Bonn

9.1

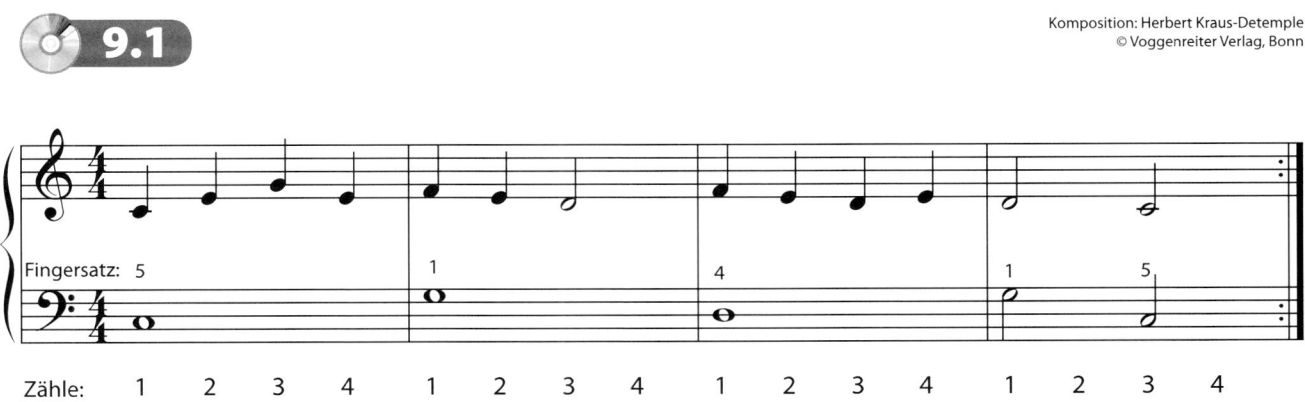

13.2 Eine kleine Melodie

Komposition: Herbert Kraus-Detemple
© Voggenreiter Verlag, Bonn

9.2 0:32

27

13.3 Weißt du, was ich wissen will

Komposition: Herbert Kraus-Detemple
© Voggenreiter Verlag, Bonn

9.3 1:28

Zähle: 1 2 3 4   1 2 3 4   1 2 3 4   1 2 3 4

       1 2 3 4   1 2 3 4   1 2 3 4   1 2 3 4

13.4 Helle Sterne

Komposition: Herbert Kraus-Detemple
© Voggenreiter Verlag, Bonn

9.4 2:23

Zähle: 1 2 3 4   1 2 3 4   1 2 3 4   1 2 3 4

       1 2 3 4   1 2 3 4   1 2 3 4   1 2 3 4

13.5 Flieg, kleiner Vogel

Komposition: Herbert Kraus-Detemple
© Voggenreiter Verlag, Bonn

13.6 Nicht schon wieder Regen

Komposition: Herbert Kraus-Detemple
© Voggenreiter Verlag, Bonn

14. Der ¾-Takt

Wir kommen nun zum ¾-Takt. Wir zählen in jedem Takt immer bis drei. Soll eine Note über einen ganzen Takt gehalten werden, muss sie die Länge von drei Viertelnoten haben. Hierfür verlängern wir eine Halbe Note (= 2 Viertelnotenlänge) um eine weitere Viertelnote. Dies geschieht durch einen Punkt hinter der Halben Note.

Steht ein Punkt hinter einer Note, verlängert sich diese um die Hälfte ihres ursprünglichen Wertes.

Eine Halbe Note hat den Wert von 2 Viertelnoten.
Die Hälfte von ½ ist ¼.

Hieraus ergibt sich: ¾ + ¼ = ¾

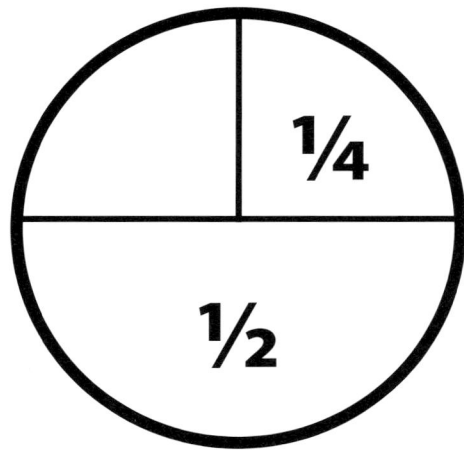

Eine Halbe Note mit Punkt hat die Länge von 3 Viertelnoten.

Zähle: 1   2   3   1   2   3

Hinweis: Stücke im ¾-Takt haben als Vorzähl-Klick ebenfalls 3 Schläge für einen Takt.

Rechte Hand

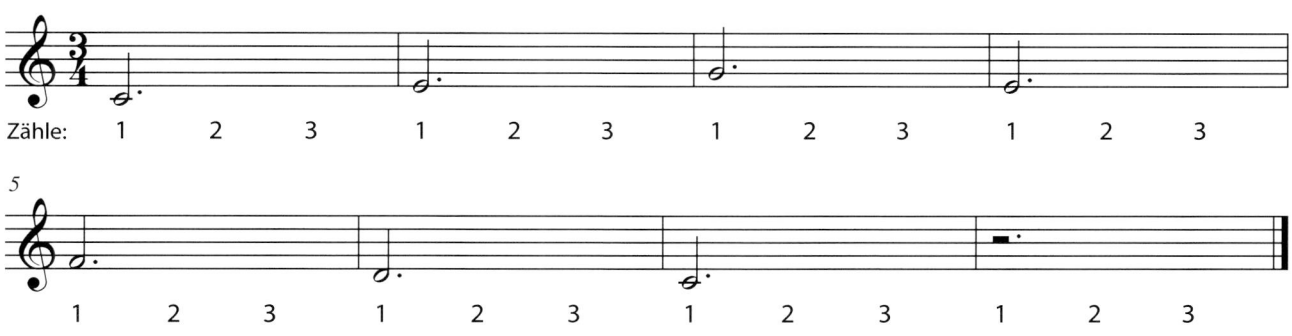

Zähle: 1 2 3 1 2 3 1 2 3 1 2 3

1 2 3 1 2 3 1 2 3 1 2 3

Linke Hand

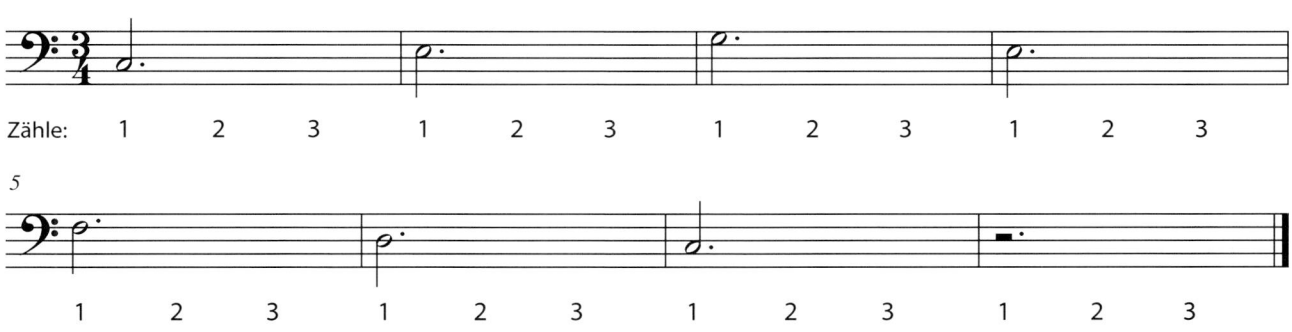

Zähle: 1 2 3 1 2 3 1 2 3 1 2 3

1 2 3 1 2 3 1 2 3 1 2 3

Beide Hände

Zähle: 1 2 3 1 2 3 1 2 3 1 2 3

1 2 3 1 2 3 1 2 3 1 2 3

Übe die Hände zunächst einzeln, erst dann zusammen.

15. Kuckuck

Volksweise, Bearbeitung: Herbert Kraus-Detemple
© Voggenreiter Verlag, Bonn

Das Volkslied „Bald gras' ich am Neckar" steht ebenfalls im ¾-Takt. Dieses Stück beginnt auf der Zählzeit „3" in einem unvollständigen Takt. Diesen Takt vor dem ersten Volltakt nennt man auch Auftakt. Auftakt und Schlusstakt ergänzen sich wieder zu einem Volltakt. Um den Anfang besser zu finden, spielt der Vorzähl-Klick einen Volltakt (1, 2, 3) und 2 weitere Schläge, also 1, 2. Dann beginnt die Melodie auf der 3.
Übe die Hände zunächst einzeln, erst dann zusammen.

16. Bald gras' ich am Neckar

Volksweise, Bearbeitung: Herbert Kraus-Detemple
© Voggenreiter Verlag, Bonn

17. Intervalle – die Abstände der Töne

Den Abstand von einem Ton zum anderen bezeichnet man als Intervall.
Die Intervalle werden wie folgt bezeichnet:

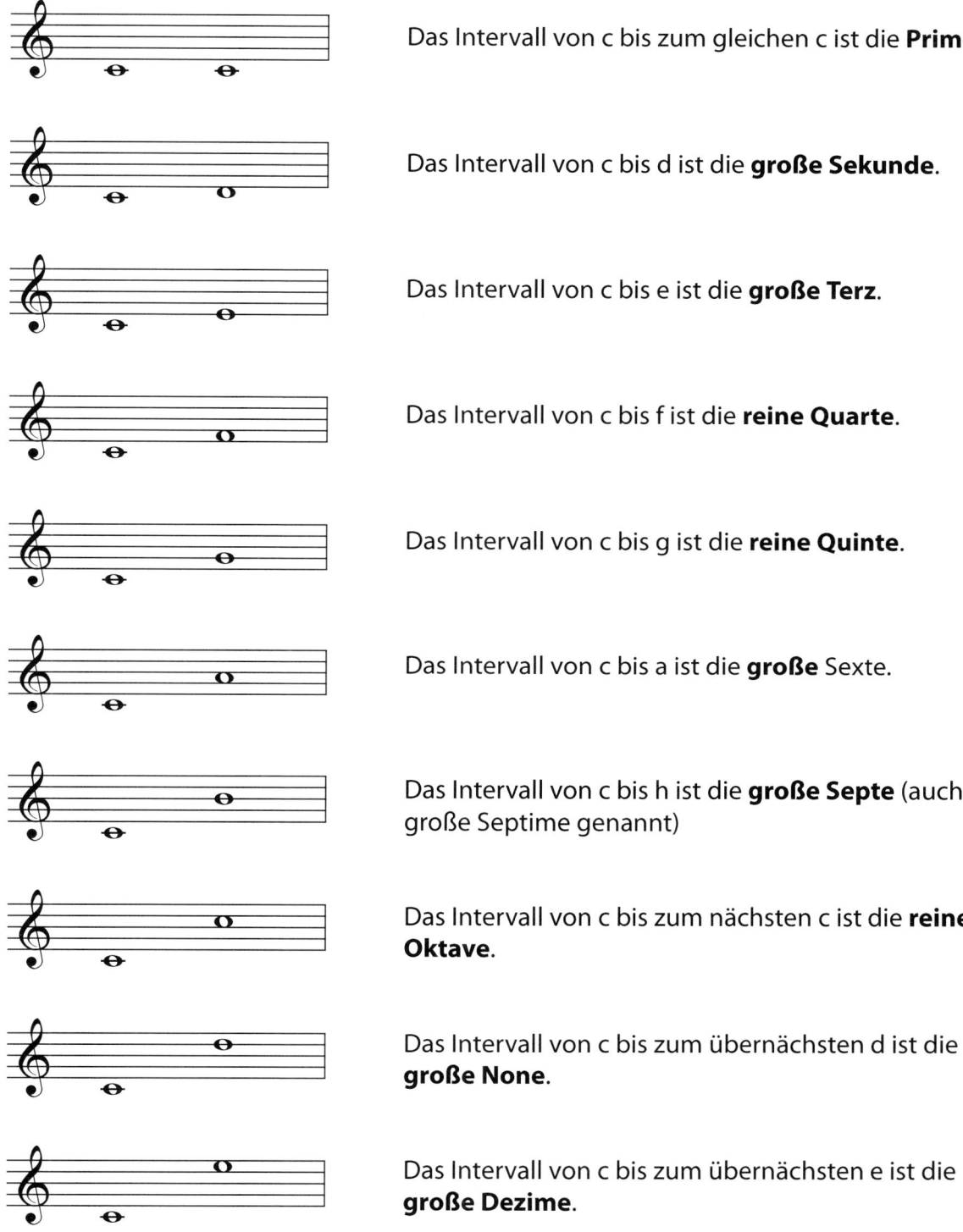

Das Intervall von c bis zum gleichen c ist die **Prime**.

Das Intervall von c bis d ist die **große Sekunde**.

Das Intervall von c bis e ist die **große Terz**.

Das Intervall von c bis f ist die **reine Quarte**.

Das Intervall von c bis g ist die **reine Quinte**.

Das Intervall von c bis a ist die **große** Sexte.

Das Intervall von c bis h ist die **große Septe** (auch große Septime genannt)

Das Intervall von c bis zum nächsten c ist die **reine Oktave**.

Das Intervall von c bis zum übernächsten d ist die **große None**.

Das Intervall von c bis zum übernächsten e ist die **große Dezime**.

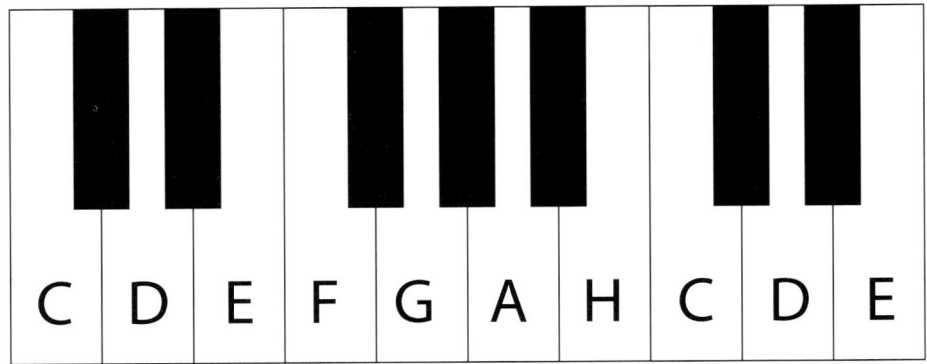

Geht man von einem Ton zum nächstliegenden, ist dies ein Tonschritt.

Befindet sich noch eine Taste dazwischen, so ist es ein **Ganztonschritt**, z. B. von c nach d liegt noch eine schwarze Taste dazwischen. Also ist von c nach d ein Ganztonschritt. Liegt keine Taste mehr dazwischen, so spricht man von einem **Halbtonschritt**, z. B. von e nach f.

Nehmen wir nun die C-Dur-Tonleiter, so sehen wir, dass zwischen e und f, bzw. zwischen h und c keine schwarze Taste dazwischen liegt. Die Halbtonschritte sind also zwischen dem 3. und 4. Ton bzw. zwischen dem 7. und 8. Ton der Tonleiter. Wir können festhalten:

> **Bei der Dur-Tonleiter sind die Halbtonschritte**
> **vom 3. zum 4. und vom 7. zum 8. Ton**

Geht man von einem Ton zum Übernächsten oder noch weiter, handelt es sich um einen **Tonsprung**. Springen wir von c nach e, so erhalten wir eine große Terz. Obige Tastatur zeigt: Es liegen noch **drei** weitere Tasten zwischen c und e.

Springen wir von d nach f, so erhalten wir eine kleine Terz, denn es liegen nur **zwei** weitere Tasten dazwischen. Ebenso ist von E nach G eine kleine Terz, denn es liegen wieder nur zwei weitere Tasten dazwischen.

18. Zweiklänge

Fügt man zu einem Melodieton eine zweite Stimme hinzu, so entsteht ein Zweiklang. Man spricht hier auch von Zweistimmigkeit.

Die geläufigste Methode zur Bildung einer zweiten Stimme geschieht durch die Hinzunahme einer Terz oder Sexte zum Melodieton.

Bildet man Terzen auf den Tönen einer Dur-Tonleiter erhält man sowohl große als auch kleine Terz-Intervalle. Ob eine Terz groß oder klein ist, erkennt man an der Anzahl der dazwischenliegenden Töne. Vergleiche hierzu auf der Tastatur die Anzahl der Zwischentöne (Anzahl der Tasten).

Beispiele:

Von C nach E liegen 3 weitere Tasten dazwischen,
das bedeutet:
Von C nach E ist eine große Terz.

Von D nach F liegen 2 weitere Tasten dazwischen,
das bedeutet:
Von D nach F ist eine kleine Terz.

Von E nach G liegen zwei 2 weitere Tasten dazwischen,
das bedeutet:
Von E nach G ist eine kleine Terz.

Von F nach A liegen 3 weitere Tasten dazwischen, das bedeutet:
Von F nach A ist eine große Terz. (usw.)

Hier ist zunächst die Melodie mit den dazugehörigen Basstönen:

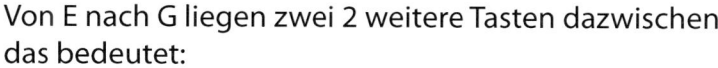

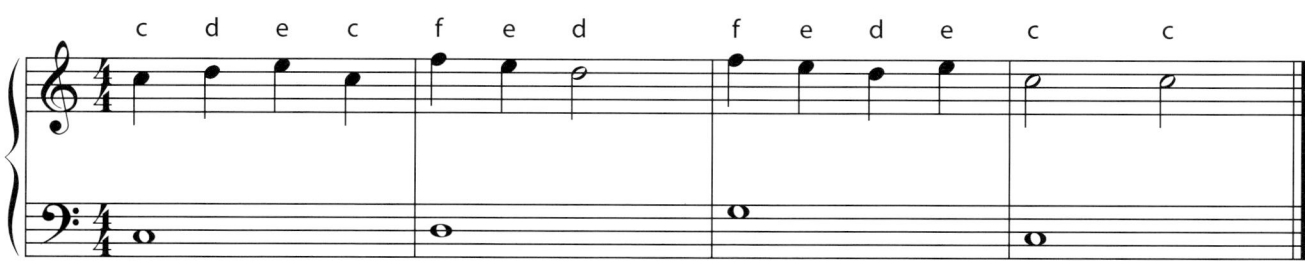

Nun wird über die Melodie jeweils eine Terz gelegt. Da die Melodie nur Töne der C-Dur-Tonleiter verwendet und auch der Schlusston sowohl in der Melodie als auch im Bass ein c ist, steht das Stück in C-Dur. Wir verwenden deshalb für die zweite Stimme wiederum nur Töne der C-Dur-Tonleiter.

Im folgenden Beispiel liegt die Melodie unten und die zweite Stimme oben.

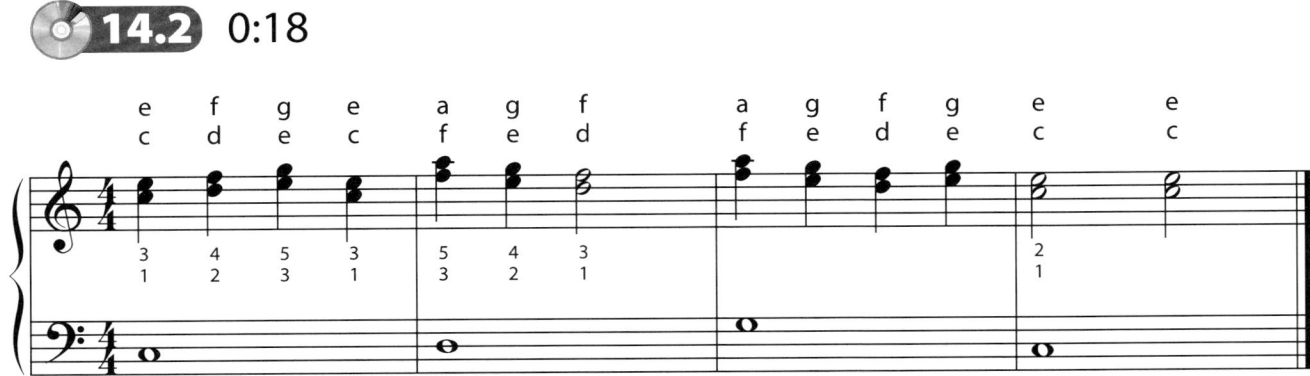

Soll nun die Melodie oben liegen und die zweite Stimme unten, werden die Töne der ehemals obenliegenden Terz um eine Oktave nach unten gelegt.
Hieraus ergibt sich der Abstand einer Sexte von der Melodie zur zweiten Stimme.

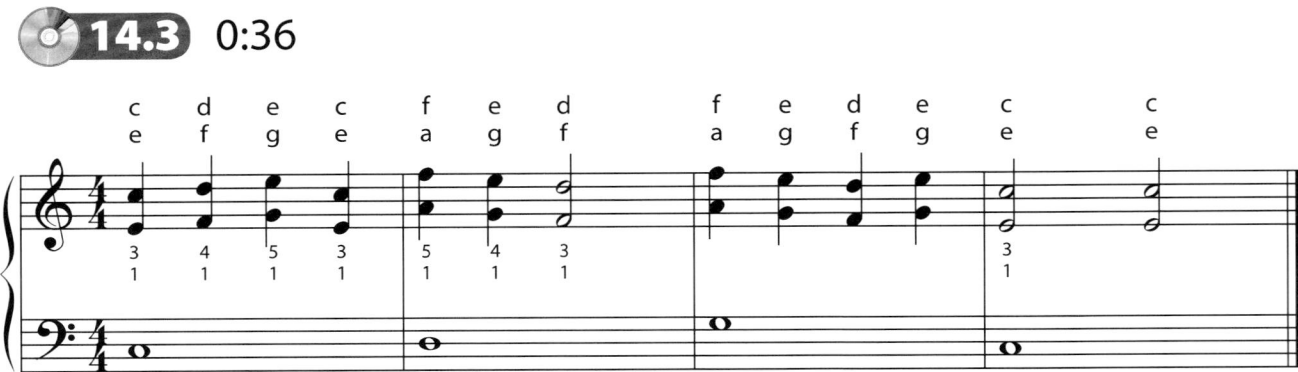

Die zweite Stimme liegt in einem zusammenhängenden Melodieabschnitt entweder immer oben oder immer unten. Ein Springen der zweiten Stimme von der Oberstimme zur Unterstimme oder umgekehrt sollte hier vermieden werden.

Wie im nächsten Beispiel „Go, tell it on the mountain" zu sehen ist, wird eine Melodie sowohl aus musikalischen als auch aus spieltechnischen Gründen häufig nicht vom ersten bis zum letzten Ton zweistimmig geführt.

19. Go, tell it on the mountain

Spiritual, Bearbeitung: Herbert Kraus-Detemple
© Voggenreiter Verlag, Bonn

Nun folgt die Hinzunahme einer zweiten Stimme.
Im 2. Takt wechselt auf dem Ton g der 2. Finger an die Stelle des 1. Fingers. Die Taste bleibt dabei gedrückt. Übe diese Stelle einzeln und wiederhole den Takt mehrmals.

Im nächsten Beispiel spielt die linke Hand zusätzlich eine einfache Bass-Begleitung zur Melodie.

20. Akkorde

Harmonielehre

Akkorde werden durch das Übereinanderschichten von Terzen gebildet. Schichtet man über einem Grundton eine Terz und legt darüber wieder eine Terz, so erhält man einen Dreiklang bzw. einen **Akkord**.

Schichten wir über den Ton c eine große Terz, so erhalten wir den Zweiklang c mit e. Schichten wir über das e eine kleine Terz, so erreichen den Ton g und erhalten den Dreiklang c-e-g.
Dies ist der C-Dur-Dreiklang in der Grundstellung. Grundstellung bedeutet, dass bei einem Akkord der Grundton unten liegt und die weiteren Akkordtöne in Terzschichtung folgen.

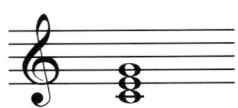 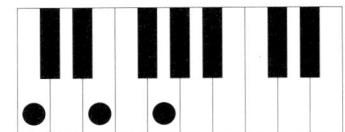   Der C-Dur-Dreiklang in der Grundstellung.
C ist der Grundton und liegt unten.

Grundsätzlich kann auf jedem beliebigen Ton ein Akkord gebildet werden. Nimmt man als Tonmaterial zur Akkordbildung nur die Töne **einer** Tonleiter, so heißen die Akkorde **diatonische** Akkorde.

Im diesem Beispiel zur Bildung diatonischer Akkorde, bzw. diatonischer Dreiklänge bildet die C-Dur-Tonleiter das Tonmaterial.

Wie bereits erwähnt erhält man bei der Terzschichtung über dem Grundton c den C-Dur-Akkord mit den Tönen c-e-g.
Wir wählen den 4. Ton der C-Dur-Tonleiter und gelangen zum f.
F ist also unser neuer Grundton. Durch Terzschichtung erhalten wir die weiteren Töne a und c. Genau so verfahren wir mit g und erhalten die Akkordtöne g-h-d.

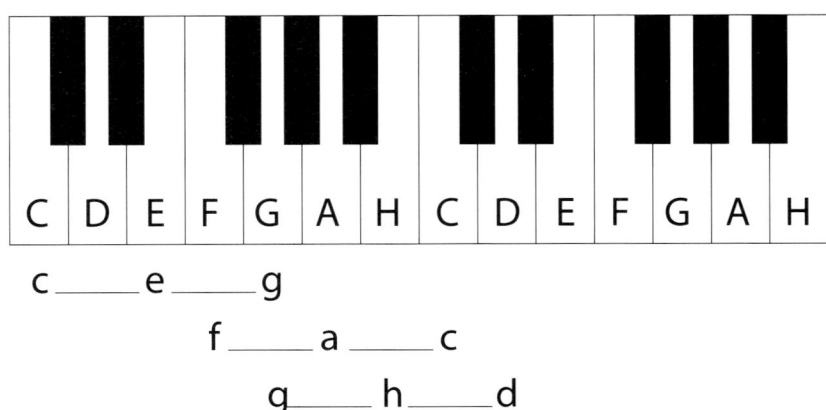

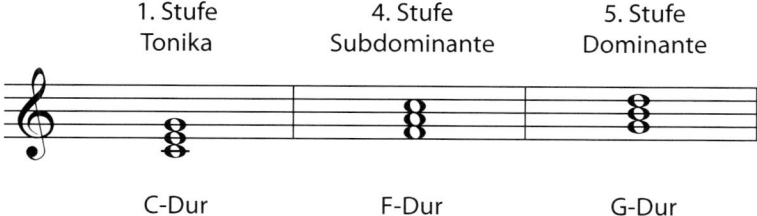

1. Stufe Tonika | 4. Stufe Subdominante | 5. Stufe Dominante

C-Dur F-Dur G-Dur

Der Akkord auf der 1. Stufe einer Tonleiter ist die **Tonika**.
Der Akkord auf der 4. Stufe einer Tonleiter ist die **Subdominante**.
Der Akkord auf der 5. Stufe einer Tonleiter ist die **Dominante**.

21. Umkehrungen

Spielt man Akkorde immer in der Grundstellung, so muss die Hand beim Kombinieren verschiedener Akkorde stark hin und her springen.
Zur Vereinfachung des Spiels werden nun einige der Akkorde in einer anderen Lage gespielt. Das bedeutet, dass die Töne des Akkordes zwar gleich bleiben, jetzt aber in anderer Reihenfolge.
Diese Veränderung der Reihenfolge nennt man **Umkehrung**.

Die 1. Umkehrung eines Dreiklanges erhält man, in dem der unterste Ton der Grundstellung nach oben gelegt wird. Legt man nun den untersten Ton der 1. Umkehrung nach oben, erhält man die 2. Umkehrung.

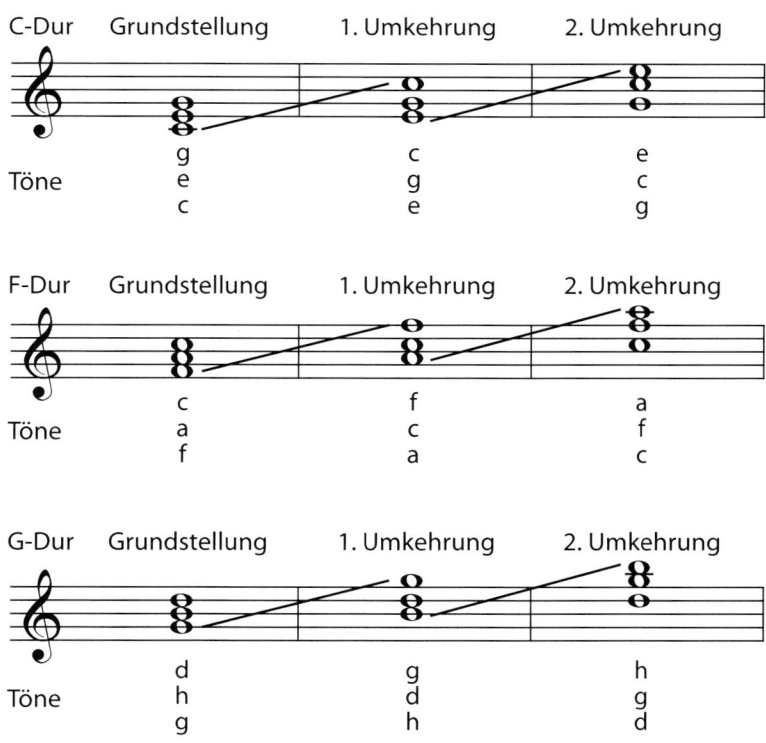

22. Übungen mit Akkorden

In dieser Übung werden die Akkorde in allen Umkehrungen trainiert.
Dabei sind die Lagen der Akkorde so gewählt, dass diese möglichst nahe zusammen liegen und die Hand nicht „springen" muss.

Alle Übungen in diesem Kapitel sind für die rechte Hand. Die Tastatur zeigt zusätzlich, welche Tasten gedrückt werden.

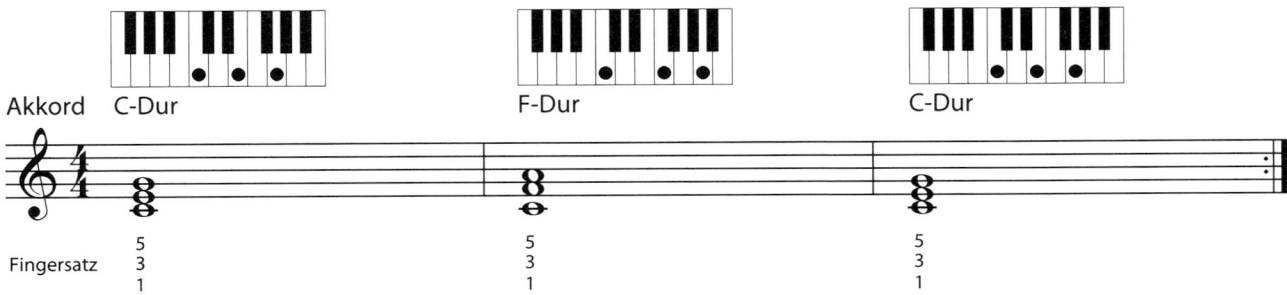

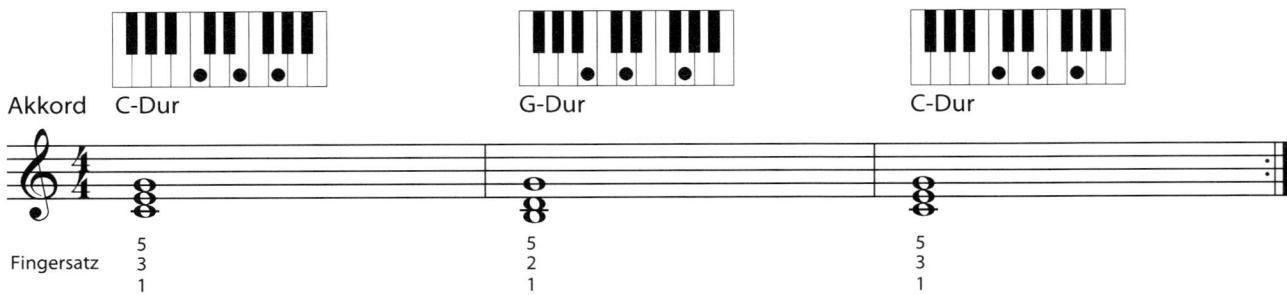

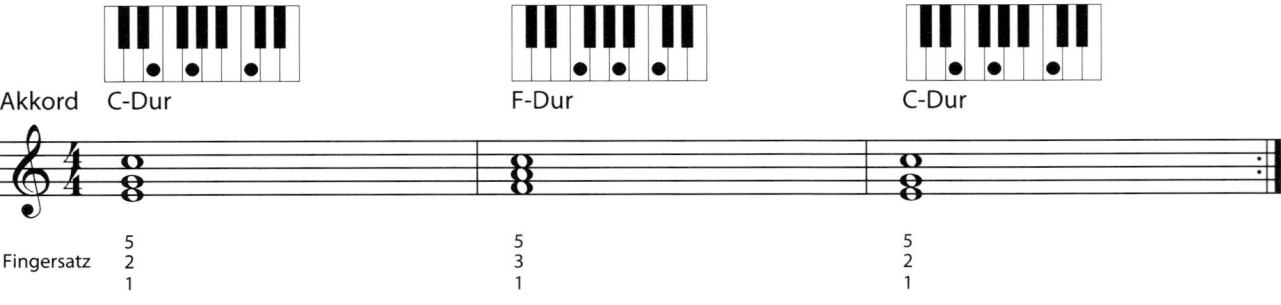

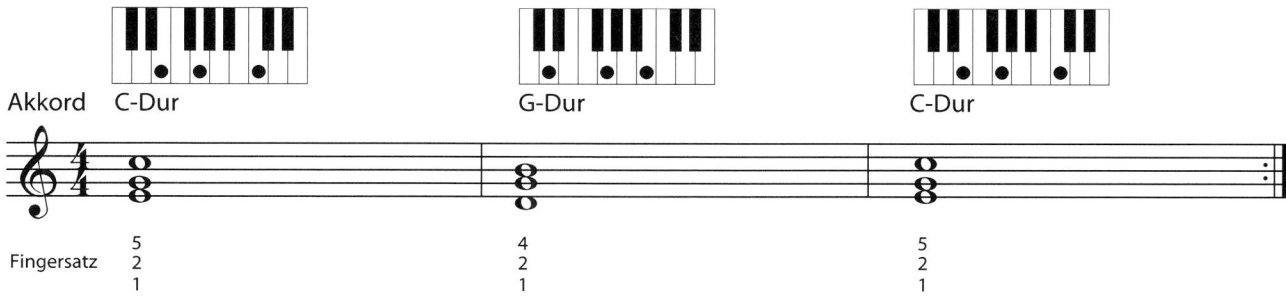

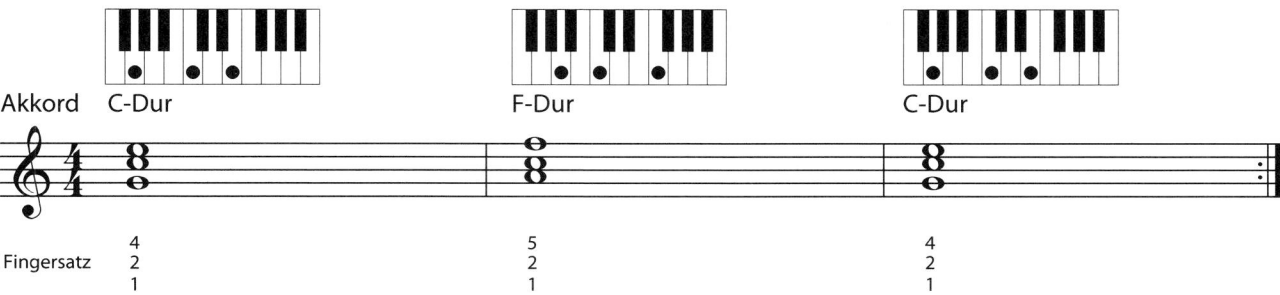

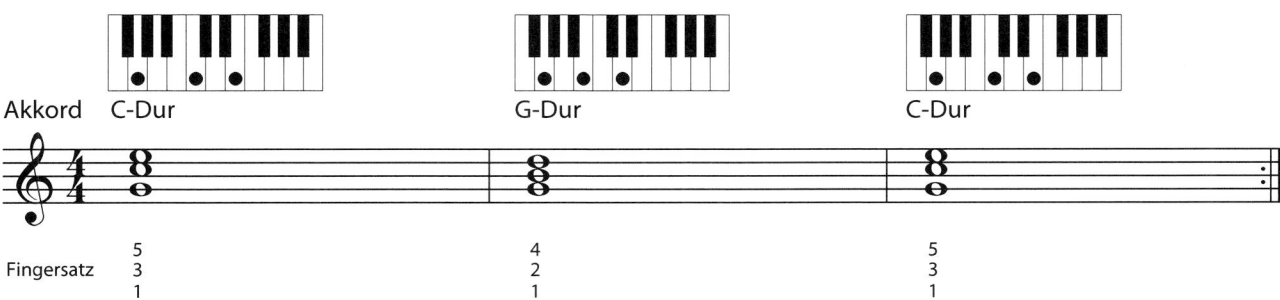

23. Übungen mit Akkorden und Bassbegleitung

In diesen Übungen spielt die rechte Hand wieder die Akkorde und die linke Hand zusätzlich den Grundton des jeweiligen Akkordes im Bass.

1. Spiele die rechte Hand alleine.
2. Spiele die linke Hand alleine.
3. Spiele beide Hände gleichzeitig.

Beachte die Fingersätze.

24. Punktierte Viertelnoten

Wie schon in Kapitel 15 erläutert, verlängert ein Punkt eine Note um die Hälfte ihres Wertes.

Die Punktierte Viertelnote hat also die Länge von 1 Viertelnote + 1 Achtelnote, bzw. die Länge von 3 Achtelnoten.

Das entspricht einer Viertelnote und durch einen **Haltebogen** verbundene Achtelnote.
(Der Haltebogen verlängert die erste Note um den Wert der „angebundenen" Note.)

Das entspricht drei durch Haltebögen verbundenen Achtelnoten.
(Die Haltebögen verlängern die erste Note um den Wert der beiden „angebundenen" Noten.)

Übungen mit punktierten Viertelnoten

Tipp zum Üben:
Klatsche zunächst den Rhythmus der Noten in die Hände und zähle dabei laut mit.

Rechte Hand

Zähle: 1   2 + 3   4   1   2 + 3   4   1   2 + 3   4   1   2 + 3   4

Linke Hand

Zähle: 1   2 + 3   4   1   2 + 3   4   1   2 + 3   4   1   2 + 3   4

 0:56

Rechte Hand

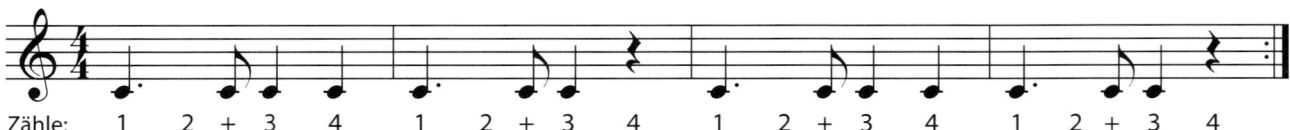

Zähle: 1   2 + 3   4   1   2 + 3   4   1   2 + 3   4   1   2 + 3   4

Linke Hand

Zähle: 1   2 + 3   4   1   2 + 3   4   1   2 + 3   4   1   2 + 3   4

 1:51

Rechte Hand

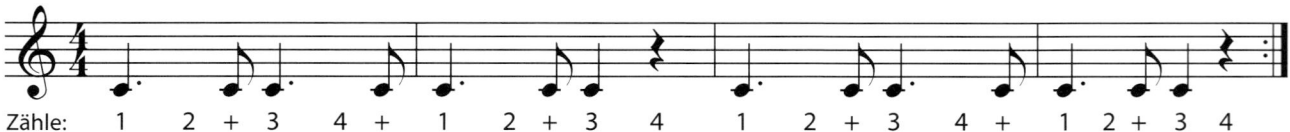

Zähle: 1   2 + 3   4 +   1   2 + 3   4   1   2 + 3   4 +   1   2 + 3   4

Linke Hand

Zähle: 1   2 + 3   4 +   1   2 + 3   4   1   2 + 3   4 +   1   2 + 3   4

24.1 Bassbegleitung mit punktierten Viertelnoten

Der punktierte Bass-Rhythmus ist eine häufig verwendete Form der Begleitung. So erhält ein Song mehr Schwung (Groove), vor allem, wenn der Bass nur den Grundton der Akkorde spielt.

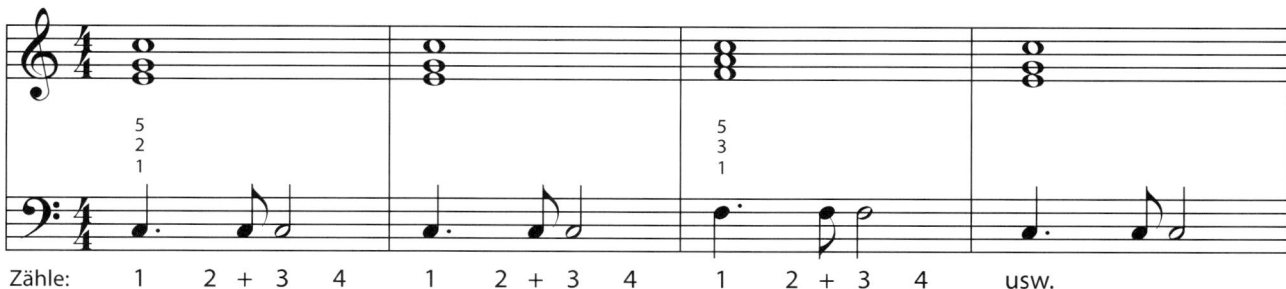

Zähle: 1   2 + 3   4   1   2 + 3   4   1   2 + 3   4   usw.

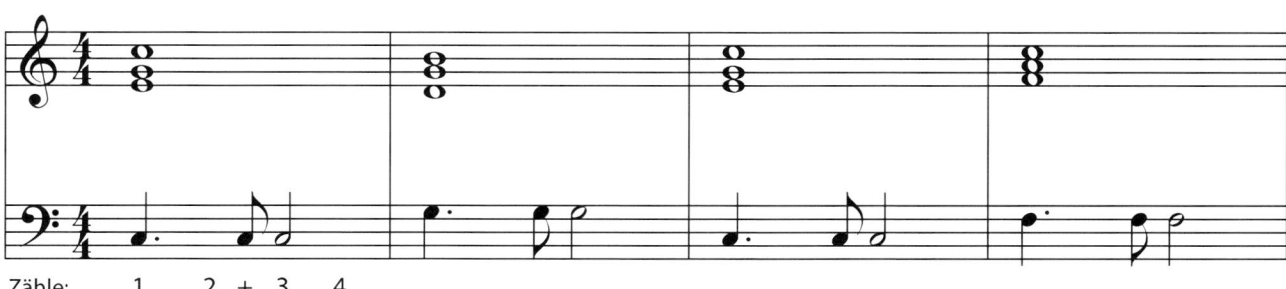

Zähle: 1   2 + 3   4

25. Der Dominant-Septakkord

Harmonielehre

Wie wir bereits aus Kapitel 21 wissen, werden Akkorde durch Terzschichtung gebildet. Auf diese Weise haben wir bereits die Dreiklangs-Akkorde für die 1. Stufe (Tonika), die 4. Stufe (Subdominante) und die 5. Stufe (Dominante) kennen gelernt.

Wir gehen zum 5. Ton der Tonleiter (5. Stufe) und bilden hier durch eine weitere Terzschichtung den Vierklang g-h-d-f, wobei f die kleine Septe des Akkordes ist. So ergibt sich nun ein Dominant-Septakkord mit dem Grundton g. Der Akkord hat die Kurz-Bezeichnung G7. Funktional gesehen ist es also ein Dominant-Septakkord auf der 5. Stufe. Die entsprechend abgekürzte Schreibweise für diese Funktion lautet „V7".

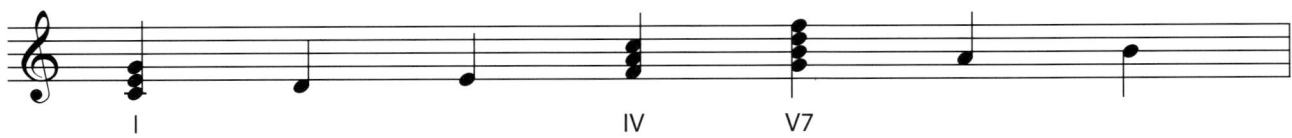

Der Dominant-Septakkord und seine Umkehrungen für G7:

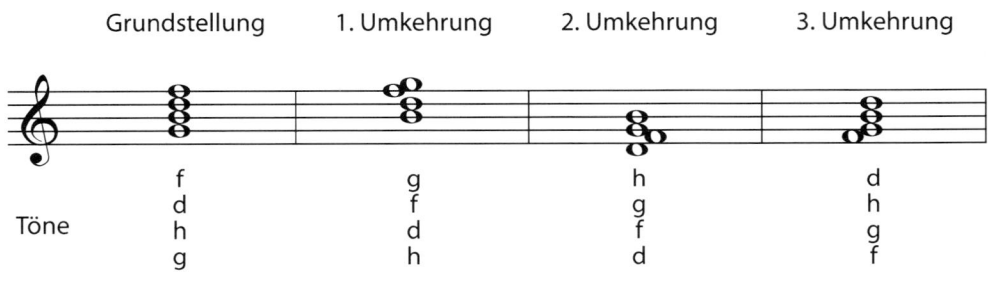

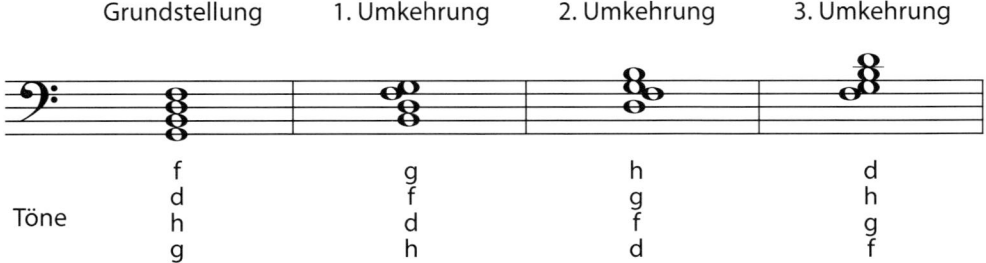

26.   Melodie und Akkordbegleitung

In den folgenden Übungen spielt die rechte Hand die Melodie und die linke Hand begleitet mit
Akkorden.

C   steht für C-Dur.
F   steht für F-Dur.
G7   steht für den G-Dur-Dominant-Septakkord.
Zur Vereinfachung der Griffweise ist in diesen Beispielen der G7-Akkord ohne die Terz (h) notiert.

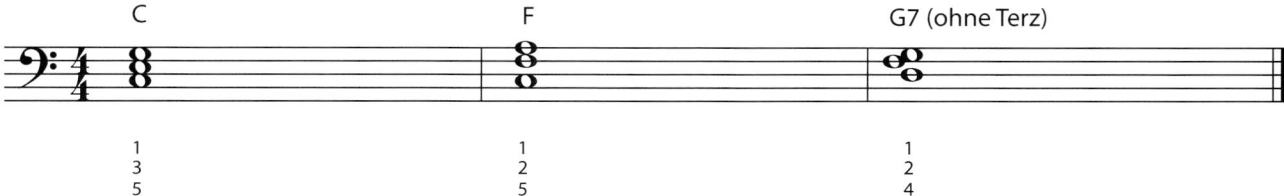

26.1 Wenn die Sonne wieder lacht

Komposition: Herbert Kraus-Detemple
© Voggenreiter Verlag, Bonn

26.2 Kuckuck ruft's den ganzen Tag

20.2 0:50

Komposition: Herbert Kraus-Detemple
© Voggenreiter Verlag, Bonn

27.   Banks of the Ohio

Ablauf: Spiele das Stück von vorne bis zum Wiederholungszeichen im vorletzten Takt. Da nach der Wiederholung dieser Takt nicht mehr gespielt werden soll, ist er mit einer sogenannten „1. Klammer" versehen. Beim Wiederholen wird der „Klammer-1-Takt" übersprungen und es geht direkt in den Takt der 2. Klammer (letzter Takt). In diesem Fall ein Pausentakt. Die Wiederholung beginnt vorne nach dem ersten Doppelstrich (mit der ganzen Note e in der Melodie).

Übe zuerst die Hände einzeln, erst dann zusammen.

Der Vorzähl-Klick auf der CD hat 5 Schläge (1 Volltakt und 1 Viertelnote).

Zähle für den Klick 1, 2, 3, 4, 1, dann beginnt der Auftakt mit der Zählzeit 2.

Volksweise, Bearbeitung: Herbert Kraus-Detemple
© Voggenreiter Verlag, Bonn

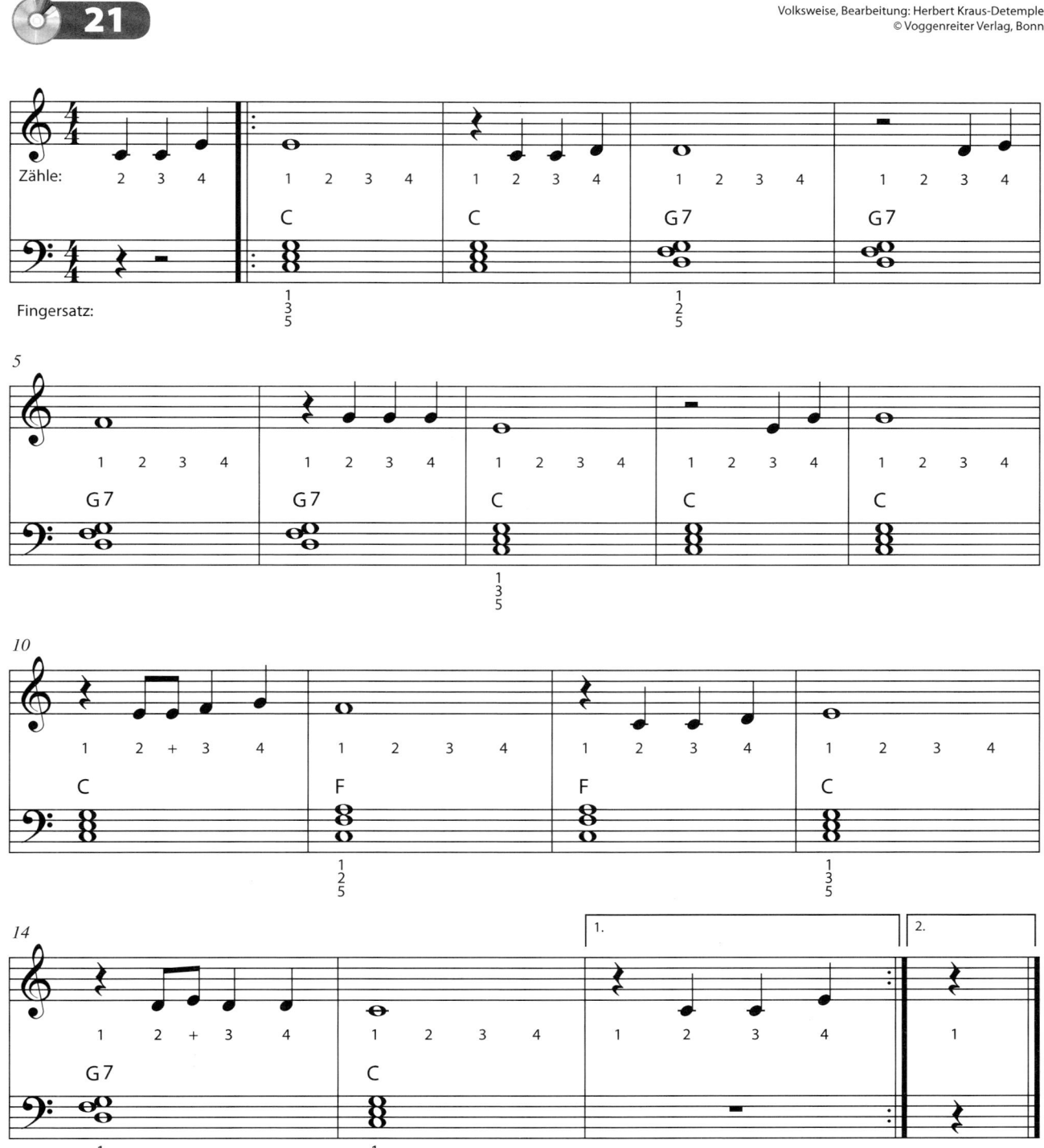

28. Die Vorzeichen

Es gibt drei verschiedene Arten von Vorzeichen:

1. Die Kreuzvorzeichen (♯)
   Die Kreuzvorzeichen **erhöhen** den Ton um einen Halbtonschritt.

2. Die B-Vorzeichen (♭)
   Die B-Vorzeichen **erniedrigen** den Ton um einen Halbtonschritt.

3. Die Auflösungszeichen (♮)
   Die Auflösungszeichen **heben** eine Erhöhung oder Erniedrigung wieder **auf**.

Ein vor eine Note gestelltes Vorzeichen gilt für diese und alle folgenden, gleichnamigen Noten in diesem Takt. Für die Noten ab dem nächsten Takt gilt es nicht mehr. Ein am Anfang eines Stückes notiertes Vorzeichen gilt für das gesamte Stück für alle gleichnamigen Noten, egal in welcher Lage sie notiert sind.

An der Tastatur sehen wir, dass die gleichen schwarzen Tasten verschiedene Bezeichnungen haben, z. B.: Dis oder Es sind praktisch der gleiche Ton.

Der Unterschied ist, ob man von D ausgeht und den Ton erhöht oder ob man von E ausgeht und den Ton erniedrigt. Diese Doppelbezeichnung für den gleichen Ton nennt man **enharmonische Verwechslung**.

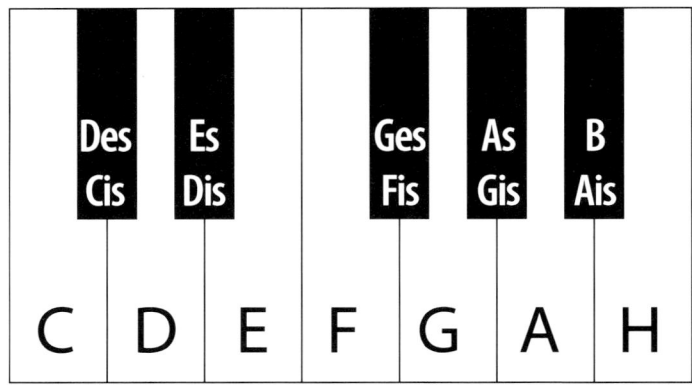

50

Beispiele für Tonerhöhungen durch Kreuzvorzeichen und Tonerniedrigungen durch ♭-Vorzeichen:

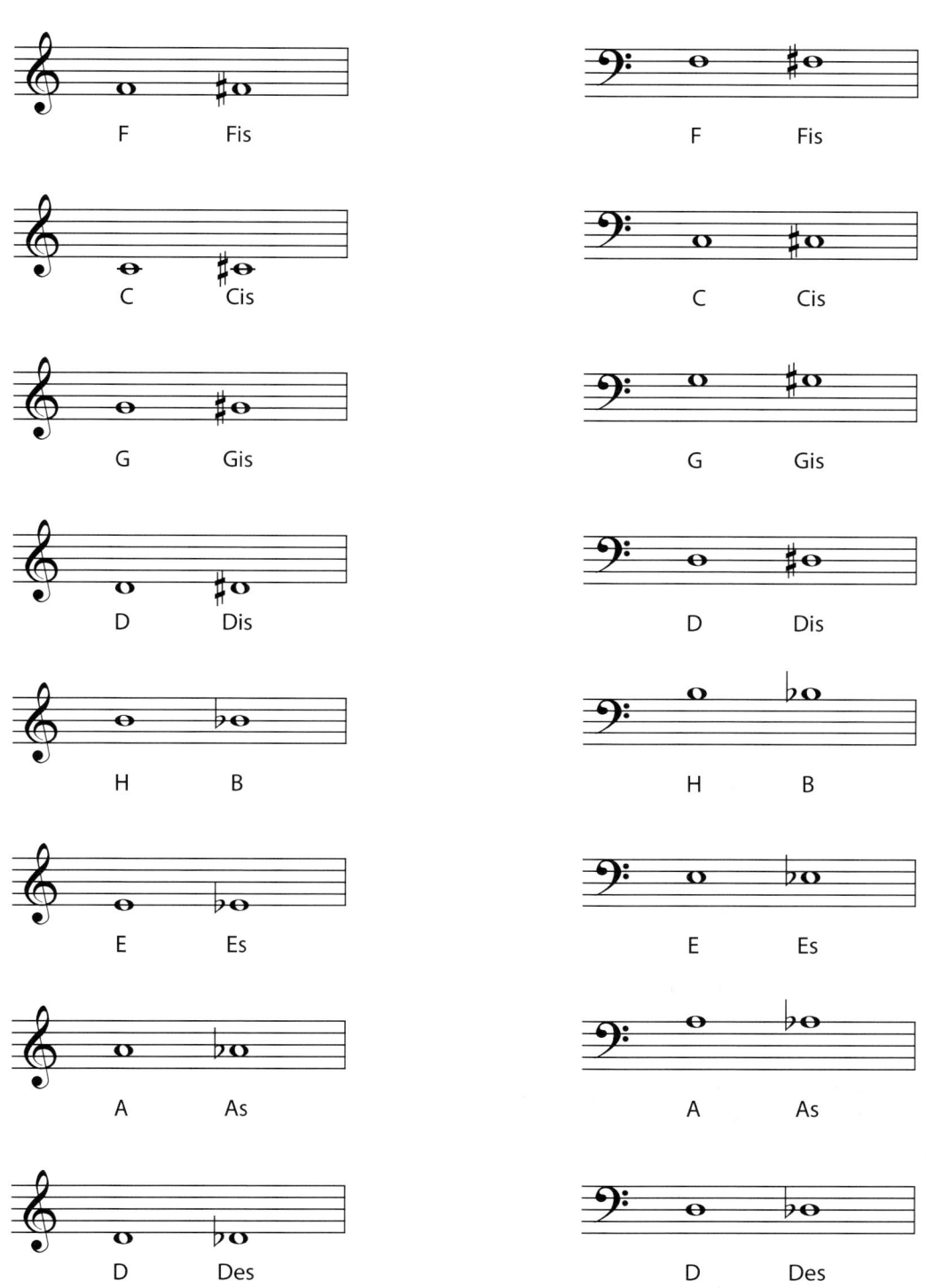

29. Moll-Akkorde

Harmonielehre

Das Intervall zur Unterscheidung von Dur und Moll ist die Terz über dem Grundton.
Ist die Terz groß, so haben wir einen Dur-Akkord, ist die Terz klein, haben wir einen Moll-Akkord.

Wir nehmen zunächst einen Dur-Akkord mit Grundton, großer Terz und reiner Quinte (vom Grundton aus gerechnet).
Im ersten Beispiel wäre dies c-e-g, also ein C-Dur-Dreiklang.
Jetzt wird aus der großen Terz c-e die **kleine** Terz c-es. Die Quinte g bleibt.
Der neue Akkord hat also die Töne c-es-g und ist ein Moll-Akkord, in diesem Fall C-Moll.

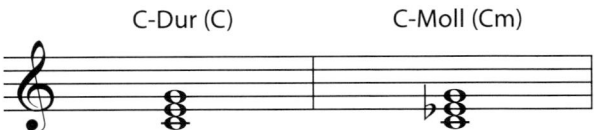

Bilden wir auf dem Ton d eine **kleine** Terz, so gelangen wir zum f.
Die reine Quinte über d ist a.
Der Dm-Akkord hat also die Töne d-f-a.

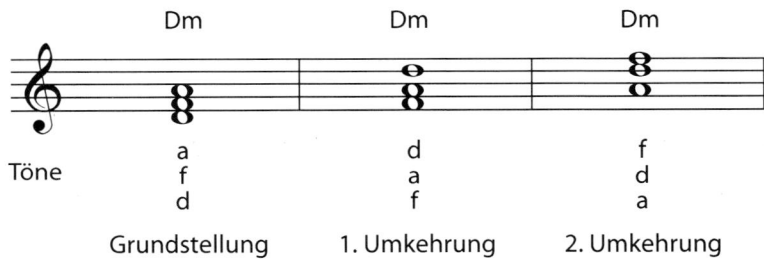

Beachte: Das folgende Beispiel ist im Bass-Schlüssel notiert.
Bilden wir auf dem Ton f eine **kleine** Terz, so gelangen wir zum as.
Die reine Quinte über f ist c.
Der Fm-Akkord hat also die Töne f-as-c.

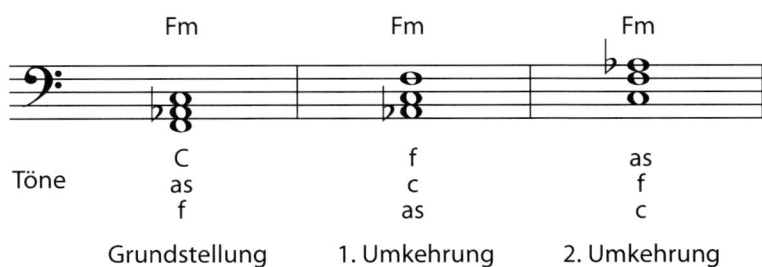

30. Michael row the boat ashore

Spiritual, Bearbeitung: Herbert Kraus-Detemple
© Voggenreiter Verlag, Bonn

Im folgenden Stück „When the saints go marching in" hat der Vorzähl-Klick auf der CD 5 Schläge, also 1, 2, 3, 4, 1. Dann beginnt die Melodie (Auftakt) mit der Zählzeit 2.

Übe die Hände zunächst einzeln, erst dann zusammen.

31. When the saints go marching in

Spiritual, Bearbeitung: Herbert Kraus-Detemple
© Voggenreiter Verlag, Bonn

In der folgenden Version ist die Begleitung der linken Hand rhythmisch anspruchsvoller gestaltet. So bekommt das Stück mehr „Swing".

31.1 When the saints go marching in (2)

Spiritual, Bearbeitung: Herbert Kraus-Detemple
© Voggenreiter Verlag, Bonn

23.2 1:08

32. Fingersatz-Technik beim Unter- und Übersatz

Mit Hilfe dieser Technik ist es möglich, auch längere Melodiepassagen in einer Richtung ohne Unterbrechung „gebunden" zu spielen.

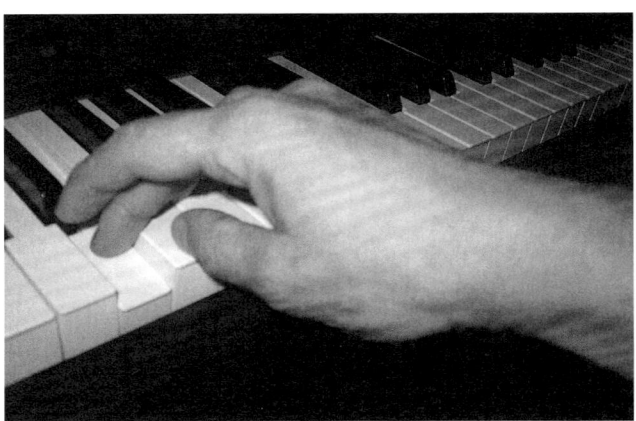

Beispiele für die rechte Hand:

Beim Aufwärtsspielen der C-Dur-Tonleiter spielen Daumen, Zeige- und Mittelfinger die ersten drei Töne c, d und e. Nun greift der Daumen **unter** dem Mittelfinger hindurch den Ton f. Jetzt spielen die Finger der Reihe nach g, a, h, c.

Beim Abwärtsspielen der Tonleiter spielen in der Reihenfolge kleiner Finger, Ring-, Mittel-, Zeigefinger und Daumen die Töne c, h, a, g, f.
Nun greift der Mittelfinger **über** den Daumen das e und dann sind Zeigefinger und Daumen in der richtigen Position für d und c.

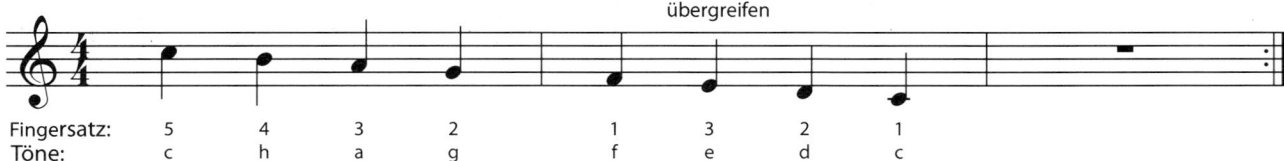

Beispiele für die linke Hand:

Bei der linken Hand geschieht das Unter- und Übergreifen nach dem gleichen Prinzip wie bei der Rechten. Beachte hierzu den angegebenen Fingersatz.

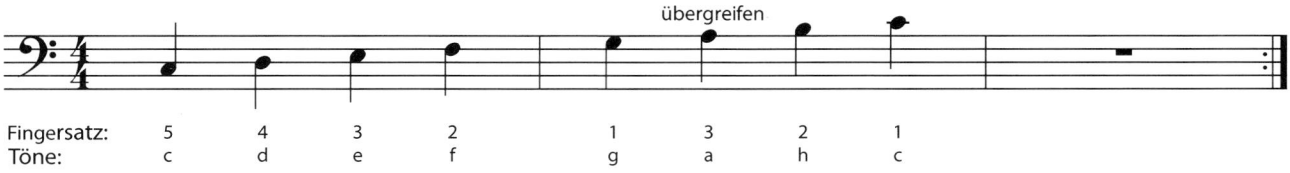

Fingersatz:	5	4	3	2	1	3	2	1
Töne:	c	d	e	f	g	a	h	c

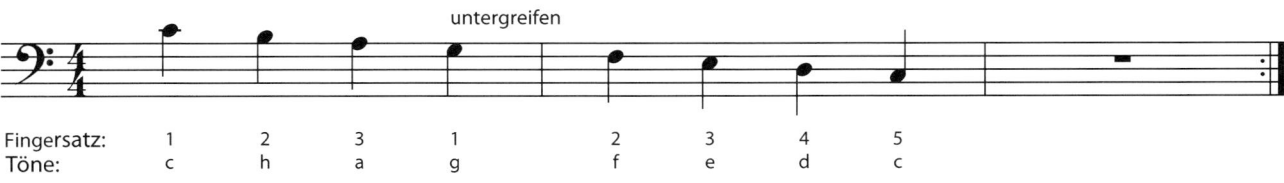

Fingersatz:	1	2	3	1	2	3	4	5
Töne:	c	h	a	g	f	e	d	c

Im folgenden Stück „Das Lied des Gondoliere" spielt die rechte Hand wieder mit Unter- und Übergreifen. Die Melodie beginnt mit dem 5. Finger auf dem Ton c. Die anderen Finger liegen der Reihe nach auf h, a, g, und f. Der angegebene Fingersatz zeigt an den entsprechenden Stellen das Unter- bzw. Übergreifen.

32.1 Das Lied des Gondoliere

Komposition: Herbert Kraus-Detemple
© Voggenreiter Verlag, Bonn

33. Neue Bassfiguren

Das folgende Stück „An die Freude" kennen wir schon aus Kapitel 8. Nun spielt der Bass sowohl die Grundtöne der Akkorde als auch weitere Basstöne, die eine Zweistimmigkeit von Melodie und Bassbegleitung erzeugen.

In Takt 11 geht der Bass vom Grundton der Harmonie G (Ton = g) über die große Terz des Akkordes E (Ton = gis) zum Grundton des Akkordes Am (Ton = a). Diese Bewegung bezeichnet man als **Bass-Durchgang**.

Eine rhythmische Besonderheit ist die angehaltene Note (e) im 12. Takt auf der Zählzeit 4. Man kann diese Note auch als vorgezogene 1 bezeichnen, die dann mit der Zählzeit 1 im folgenden Takt durch den Haltebogen angebunden ist. Auf diese Weise entsteht eine Betonung auf der „leichten" Zählzeit 4. Diese Betonung bezeichnet man als **Synkope**.

Synkopen stehen häufig auch auf der „+" Zählzeit, z. B. auf der 1+, 2+ usw.

Tipp zum Üben: Die Takte 12 und 13 sind besonders schwierig. Übe deshalb nur diese Takte mit jeder Hand einzeln und zähle immer laut mit. Wenn die Hände einzeln gut laufen, übe wiederum nur diese Takte mit beiden Händen zusammen.

33.1 An die Freude (Version 2)

Komposition: Beethoven, Bearbeitung: Herbert Kraus-Detemple
© Voggenreiter Verlag, Bonn

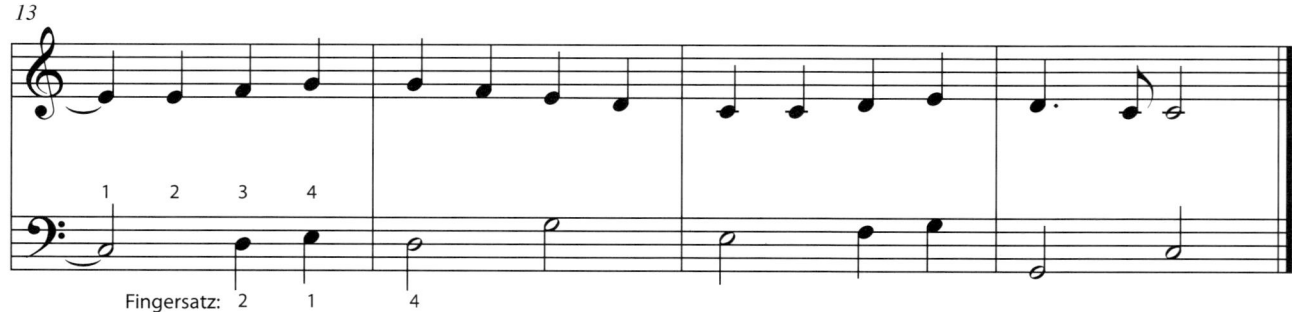

Das Stück „Blätter im Wind" verbindet die Technik des Übergreifens in der rechten Hand in Takt 4 und 5 mit einem Bassdurchgang in Takt 2 bis Takt 5.

33.2 Blätter im Wind

 0:49

Komposition: Herbert Kraus-Detemple
© Voggenreiter Verlag, Bonn

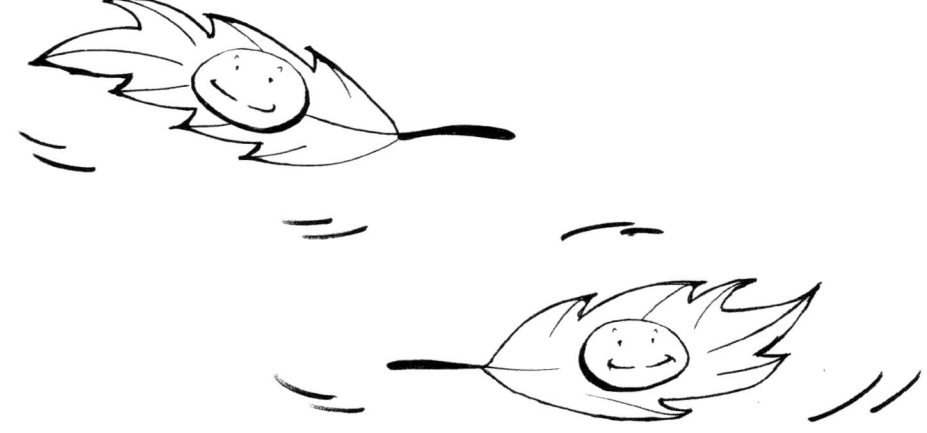

34. Diatonische Akkorde der C-Dur-Tonleiter

Harmonielehre

Da die Stufenfunktionen der Akkorde häufig mit römischen Zahlen bezeichnet werden, hier zunächst eine Zusammenfassung von 1 bis 7.

I	=	1
II	=	2
III	=	3
IV	=	4
V	=	5
VI	=	6
VII	=	7

Beispiele: „II m" bedeutet, dass es sich um einen Moll-Akkord, aufgebaut auf der 2. Stufe der Tonleiter, handelt. „IV" bedeutet, dass es sich um einen Dur-Akkord, aufgebaut auf der 4. Stufe der Tonleiter, handelt.

Die diatonischen Dreiklänge der C-Dur-Tonleiter heißen:

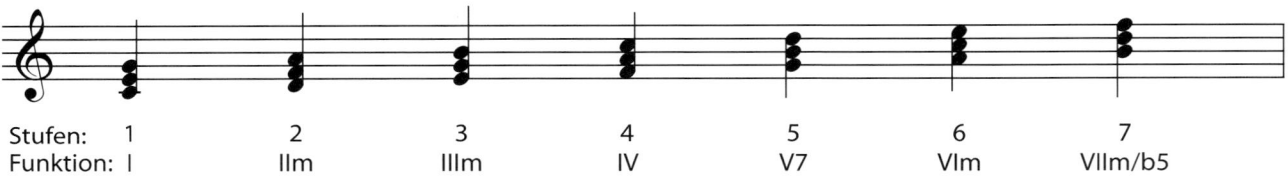

Stufen:	1	2	3	4	5	6	7
Funktion:	I	IIm	IIIm	IV	V7	VIm	VIIm/b5

Auf den Stufen 1, 4 und 5 sind Dur-Dreiklänge.

1. Stufe = C-Dur, Tonika
4. Stufe = F-Dur, Subdominante
5. Stufe = G-Dur, Dominante

Auf den Stufen 2, 3 und 6 sind Moll-Dreiklänge.

2. Stufe = Dm = II m
3. Stufe = Em = III m
6. Stufe = Am = VI m

Auf der 7. Stufe ist ein Moll-Dreiklang mit verminderter Quinte (b5).

7. Stufe = Hm/b5 = VII m/b5

Beim Hm-Dreiklang mit reiner Quinte hießen die Akkordtöne h-d-fis.
Da aber in der C-Dur-Tonleiter kein fis sondern ein f steht, kommt es an dieser Stelle zum b5-Akkord (Akkord mit verminderter Quinte).

35. Notenlesen – Zusammenfassung

Zur besseren Übersicht wird hier auf Noten mit ♯- und ♭-Vorzeichen verzichtet. Diese lassen sich ja einfach von den gegebenen Noten ableiten (vgl. Kapitel 30).

Noten, die übereinander stehen, entsprechen klingend demselben Ton.

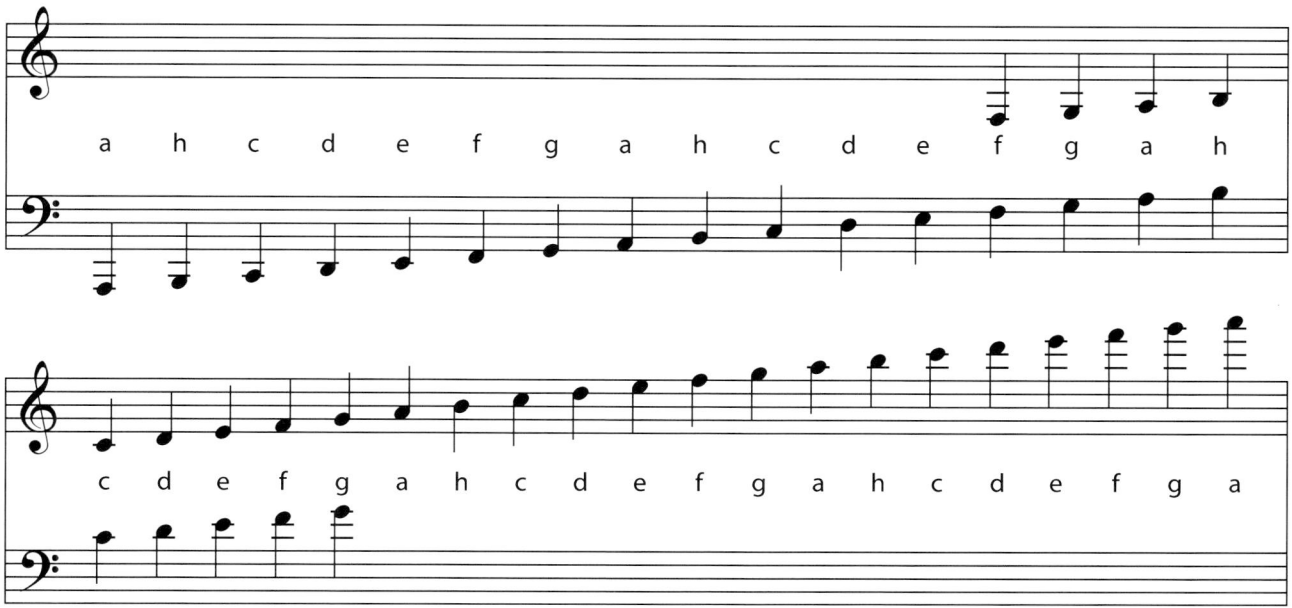

Soll eine Note eine Oktave höher klingen als notiert, so erhält sie den Zusatz „8va".

Soll eine Note eine Oktave tiefer klingen als notiert, so erhält sie den Zusatz „8vb".

Bei mehreren Noten werden diese mit einer Klammer zusammengefasst.

Beispiel:

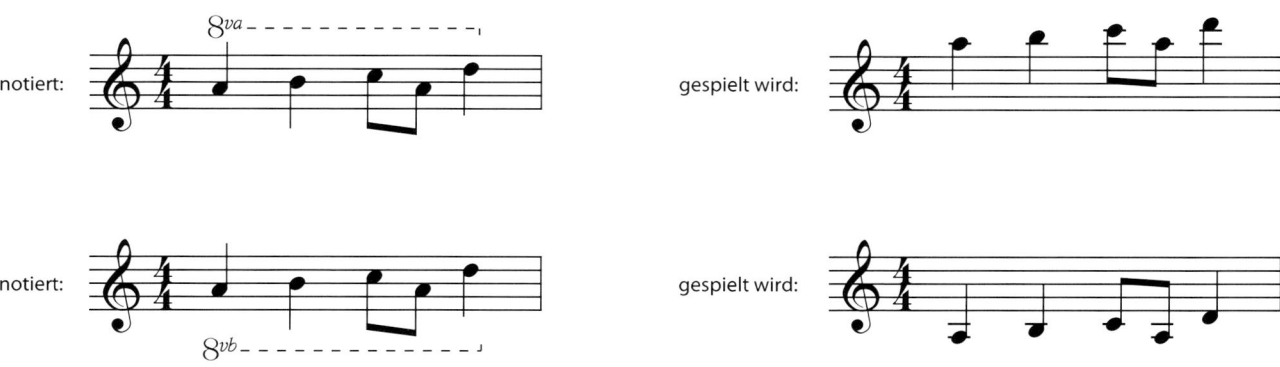

36. G-Dur

Bisher war C-Dur die Tonart, in der die Übungen und Songs gespielt wurden.

Soll nun ein anderer Ton als c der Grundton sein, so müssen die Halbtonschritte der Tonleiter entsprechend mitverschoben werden.

G sei der Grundton der neuen Dur-Tonleiter. Zählt man die weißen Tasten von g angefangen aufwärts, so kommt an 3. Stelle der Ton h und an 4. Stelle der Ton c.
Da von h nach c ein Halbtonschritt ist, wäre die erste Voraussetzung für die Dur-Tonleiter schon einmal erfüllt.
Jetzt zählen wir weiter und stellen fest, dass sich zwischen dem 6. Ton e und dem 7. Ton f ein Halbtonschritt befindet. Weiterhin ist zwischen dem 7. Ton f und dem 8. Ton g ein Ganztonschritt.
Beides entspricht **nicht** der Definition einer Dur-Tonleiter. Wir erhöhen nun den Ton f zum fis und erhalten so den Halbtonschritt von 7. nach 8. und gleichzeitig den Ganztonschritt von 6. nach 7.
Dies ergibt die **G-Dur-Tonleiter**.

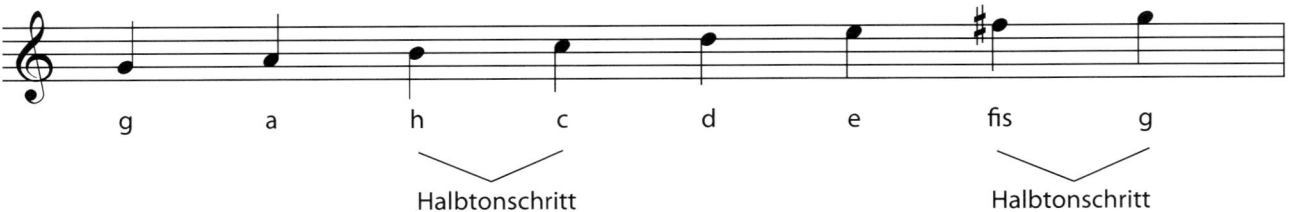

Zur Vereinfachung der Notation der Vorzeichen (♯ oder ♭) werden diese im Musikstück am Anfang der Notenzeile notiert. Die Vorzeichen gelten dann von Anfang bis zum Ende für alle Takte im Stück.
Soll nun ein Vorzeichen nicht gelten, wird unmittelbar vor der Note ein **Auflösungszeichen** notiert.
Dieses Auflösungszeichen gilt nur für die **folgenden** Noten in dem Takt, in dem es notiert ist.

Beispiel:

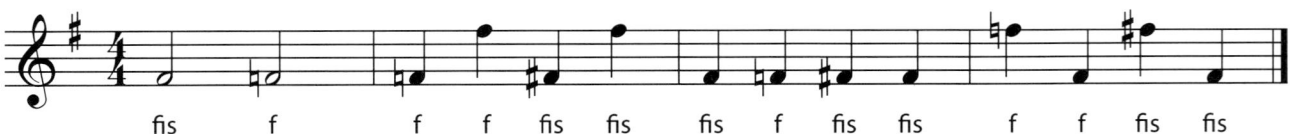

G-Dur-Tonleiterübung

Fingersatz: 1   2   3   1   2   3   4   5

Fingersatz: 5   4   3   2   1   3   2   1

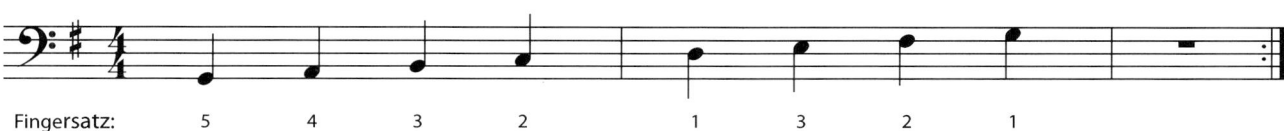

Fingersatz: 5   4   3   2   1   3   2   1

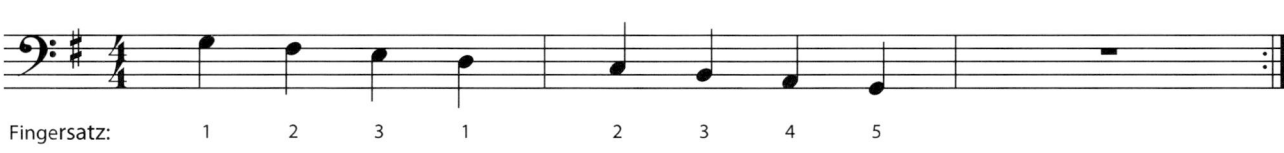

Fingersatz: 1   2   3   1   2   3   4   5

37. Diatonische Akkorde der G-Dur-Tonleiter

Harmonielehre

Im folgenden Beispiel bildet einzig die G-Dur-Tonleiter das Tonmaterial der Akkorde. Wir erhalten somit die diatonischen Dreiklänge der G-Dur-Tonleiter.

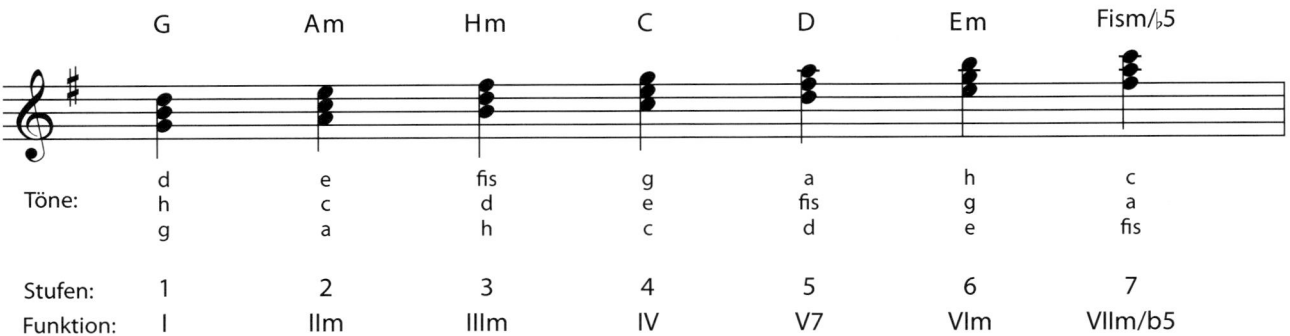

	G	Am	Hm	C	D	Em	Fism/♭5
Töne:	d	e	fis	g	a	h	c
	h	c	d	e	fis	g	a
	g	a	h	c	d	e	fis
Stufen:	1	2	3	4	5	6	7
Funktion:	I	IIm	IIIm	IV	V7	VIm	VIIm/b5

Auf den Stufen 1, 4 und 5 sind Dur-Dreiklänge.

1. Stufe = G-Dur, Tonika
4. Stufe = C-Dur, Subdominante
5. Stufe = D-Dur, Dominante

Auf den Stufen 2, 3 und 6 sind Moll-Dreiklänge.

2. Stufe = Am = II m
3. Stufe = Hm = III m
6. Stufe = Em = VI m

Auf der 7. Stufe ist ein Moll-Dreiklang mit verminderter Quinte (♭5).

7. Stufe = Fis m/♭5 = VII m/♭5

Beim Fism-Dreiklang mit reiner Quinte hießen die Akkordtöne fis-a-cis.
Da aber in der G-Dur-Tonleiter kein cis sondern ein c steht, kommt es an dieser Stelle zum ♭5-Akkord.

38. Der Wechselbass

Bei der Begleitung mit Wechselbass spielt die linke Hand abwechselnd den Grundton und die Quinte des Akkordes. Ändert sich nun der Akkord, so spielt der Bass wiederum den Grundton und die Quinte des neuen Akkordes.
Folgt auf den Tonika-Akkord der Dominant-Akkord, so beginnt die Dominante häufig mit der Quinte, erst dann folgt der Grundton. Auf diese Weise erhält man einen schönen Fluss in der Bass-Bewegung.

In der folgenden Übung ist G-Dur die Tonika und D-Dur die Dominante.

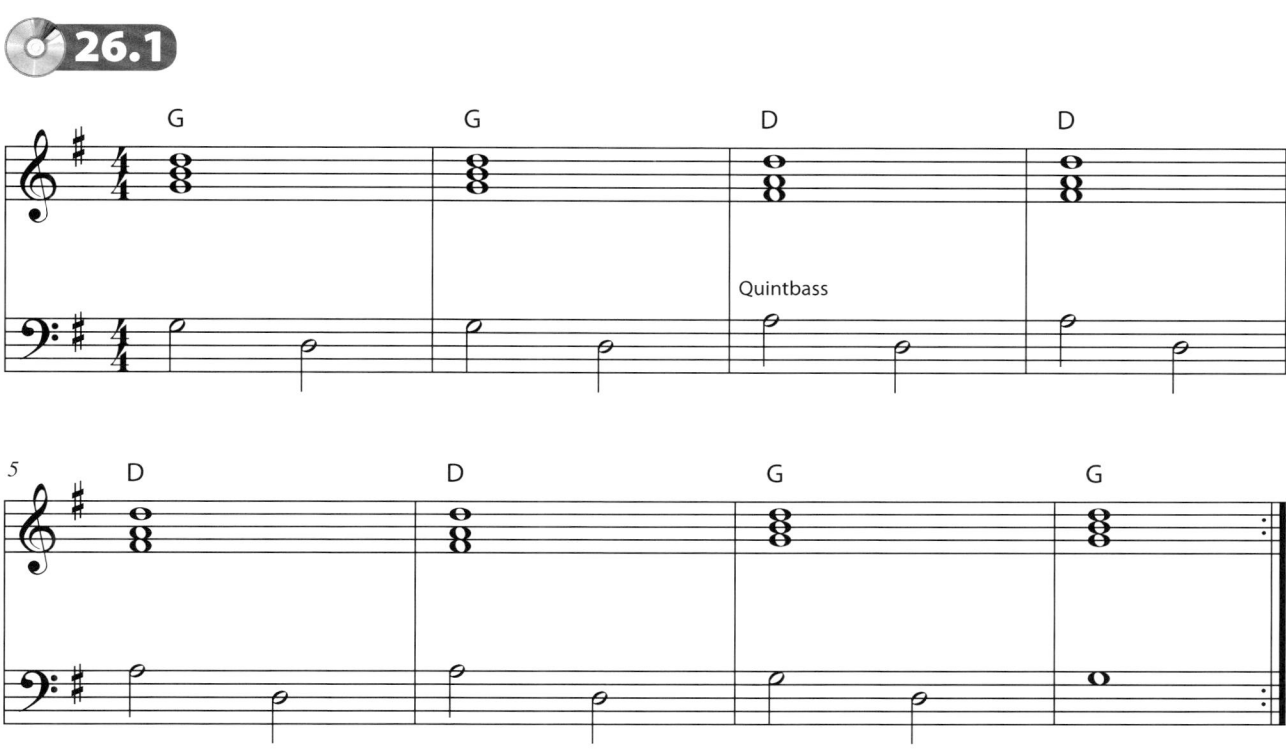

Der Wechselbass im „Allabreve-Rhythmus"

Beim sogenannten Allabreve-Rhythmus wird der 4/4-Takt doppelt so schnell gespielt, wie notiert. Die Halben Noten werden zur Zähleinheit, bzw. dienen nun zur Tempoangabe. Wir zählen pro Takt nicht mehr 1, 2, 3, 4, sondern nur 1, 2. Also für jede Halbe Note nur eine Zahl. Diese Art der Notation findet man häufig in der Marsch- und Polka-Musik. Gekennzeichnet wird der Allabreve-Rhythmus durch ein senkrecht durchgestrichenes C am Anfang des Notensystems.

26.2 0:38

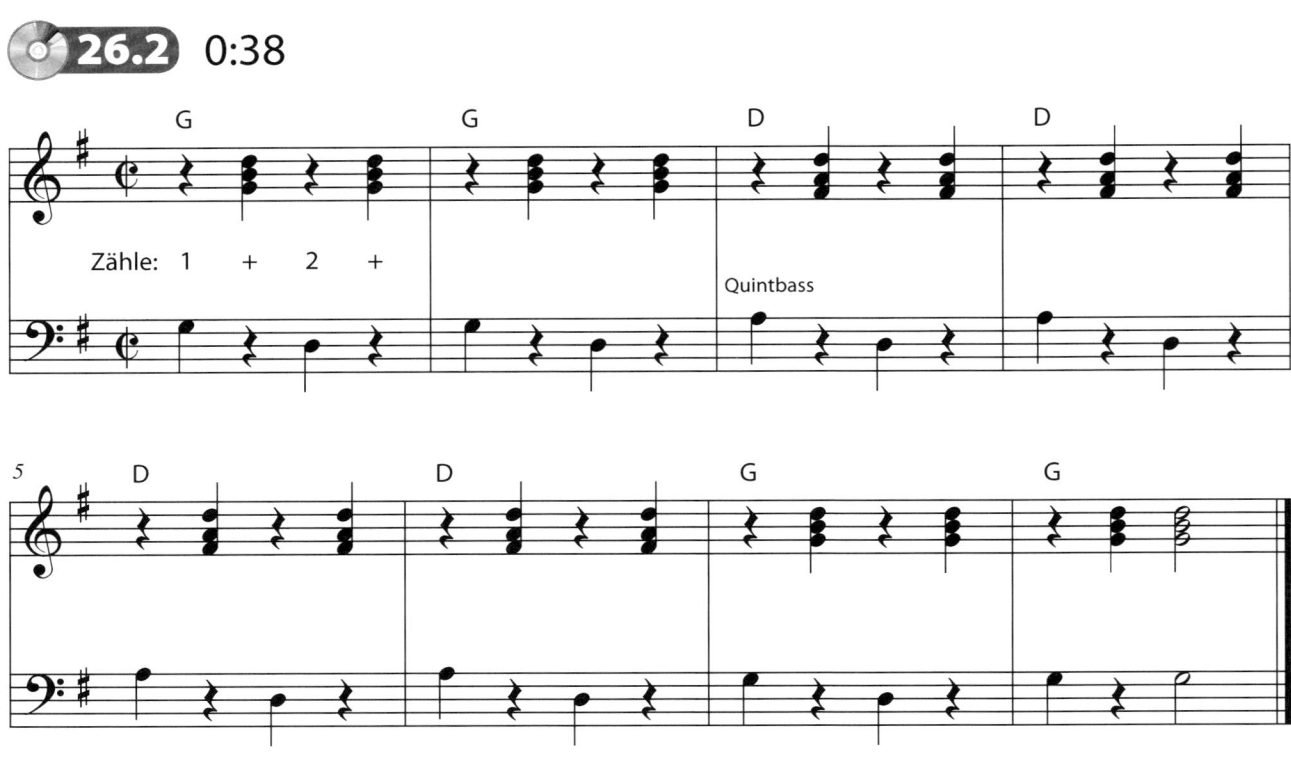

In den folgenden Übungen ist der Dominantakkord (D) zusätzlich um die kleine Septe ergänzt und wird so zum D7-Akkord (Dominantseptakkord).

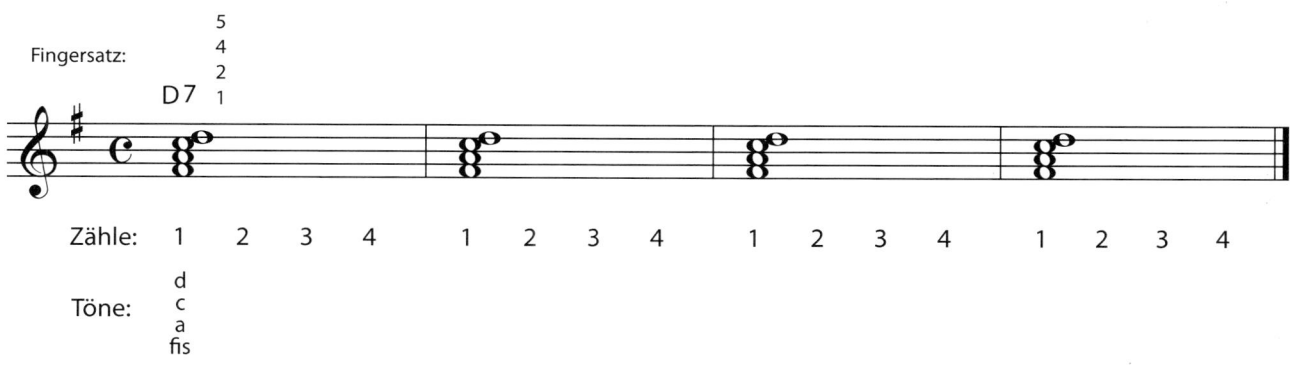

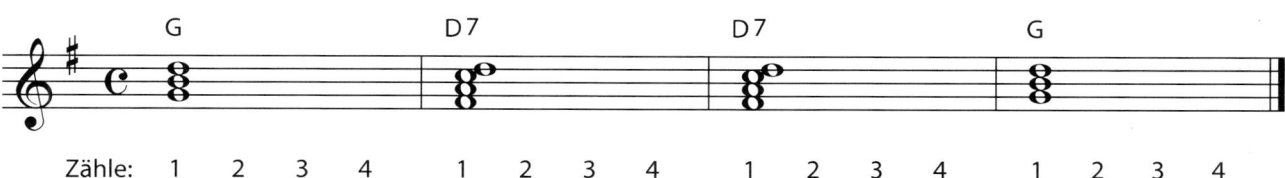

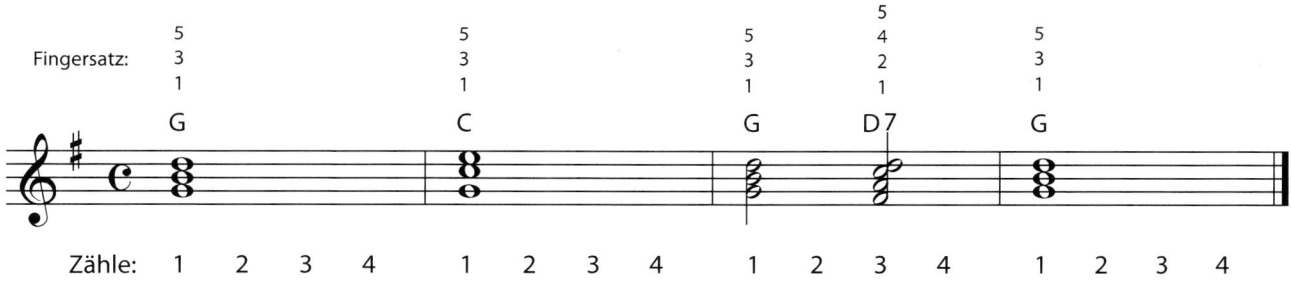

Allabreve Song-Begleitung

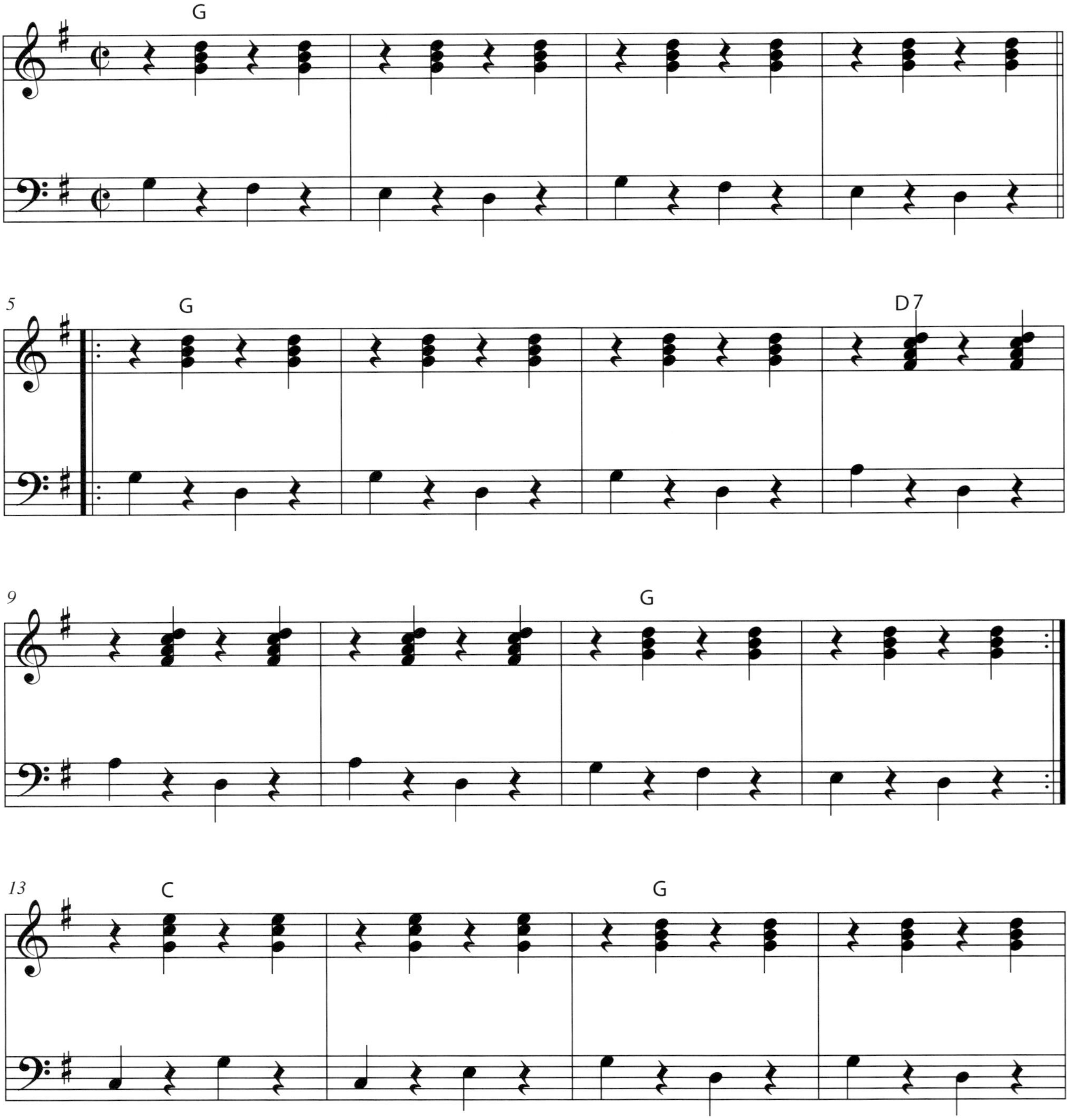

Harmonielehre

G   ist die Tonika (I. Stufe)

D7   ist die Dominante (V. Stufe)

C   ist die Subdominante (IV.Stufe)

A7   ist die Doppeldominante = Dominante zur Dominante,
        das bedeutet: A7 ist die Dominante zu D7; D7 ist die Dominante zu G.

39. Songbegleitung mit Wechselbass und Bass-Durchgängen

Im folgenden Song aus der traditionellen Country-Music finden sich Wechselbass-Begleitung und Bass-Fortschreitungen (Bass-Durchgänge).
Hier wird deutlich, dass bei der Begleitung nicht stur nach einem einzigen Bass-Muster vorgegangen, sondern dass durch die Hinzunahme weiterer Muster eine musikalisch abwechslungsreichere Begleitung erzeugt werden kann.

Harmonielehre

Der Auftakt beginnt mit G7.
Das ist eine Tonika mit kleiner Septe.
Die kleine Septe findet sich auch im
Bass-Abgang im Ton f.

| G7 |
| Tonika |
| I. Stufe (mit kl. 7) |

C	C	G	G
Sudbdominante	Sudbdominante	Tonika	Tonika
IV. Stufe	IV. Stufe	I. Stufe	I. Stufe

D	D	G	G7
Dominante	Dominante	Tonika	Tonika
V. Stufe	V. Stufe	I. Stufe	I. Stufe (mit kl. 7)

C	C	G	G
Sudbdominante	Sudbdominante	Tonika	Tonika
IV. Stufe	IV. Stufe	I. Stufe	I. Stufe

D	D	G	G7
Dominante	Dominante	Tonika	Tonika
V. Stufe	V. Stufe	I. Stufe	I. Stufe (mit kl. 7)

Übe die Hände zunächst einzeln, erst dann zusammen.

40. Midnight Special

Volksweise, Bearbeitung: Herbert Kraus-Detemple
© Voggenreiter Verlag, Bonn

41. Kadenzen

Akkordfolgen, die in einem funktionalen Bezug zueinander stehen, nennt man Kadenzen.

Die einfachste Form einer Kadenz (Kurzkadenz) ist die Folge V-I:
Dominante-Tonika, z. B. G-Dur–C-Dur.

Eine weitere Kurzkadenz ist die Folge IIm–V:
2. Stufe Mollakkord-Dominante, z. B. Dm-G.

Aus Tonbeispiel 20.3. kennen wir schon die „klassische Vollkadenz" mit der
Folge I-IV-V-I: Tonika-Subdominante-Dominante-Tonika.

41.1 Die 1645-Kadenz

Die Akkorde werden auf der 1. Stufe, der 6. Stufe, der 4. Stufe und 5. Stufe einer Durtonleiter aufgebaut. Nehmen wir die C-Dur-Tonleiter als Ausgangstonleiter, so erhalten wir folgende Akkorde:

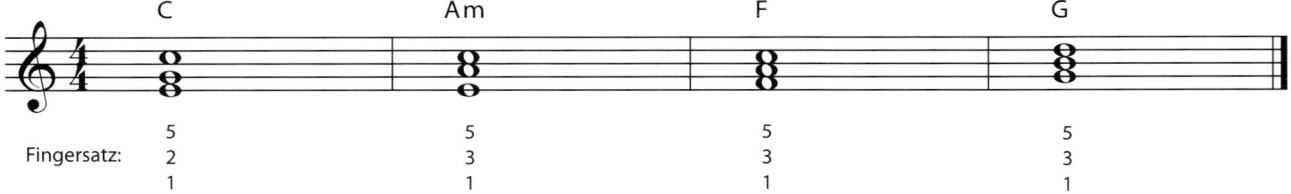

Durch Umkehrungen wird die Spielweise der Akkorde vereinfacht.

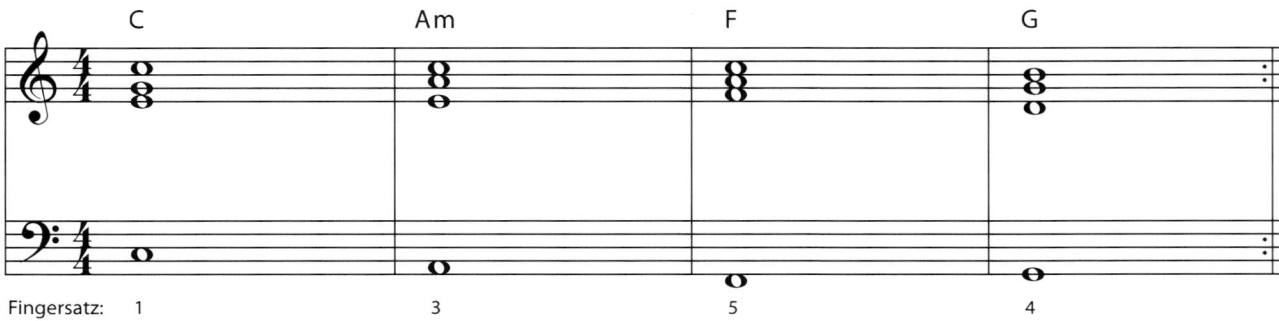

74

 **29.2** 0:23

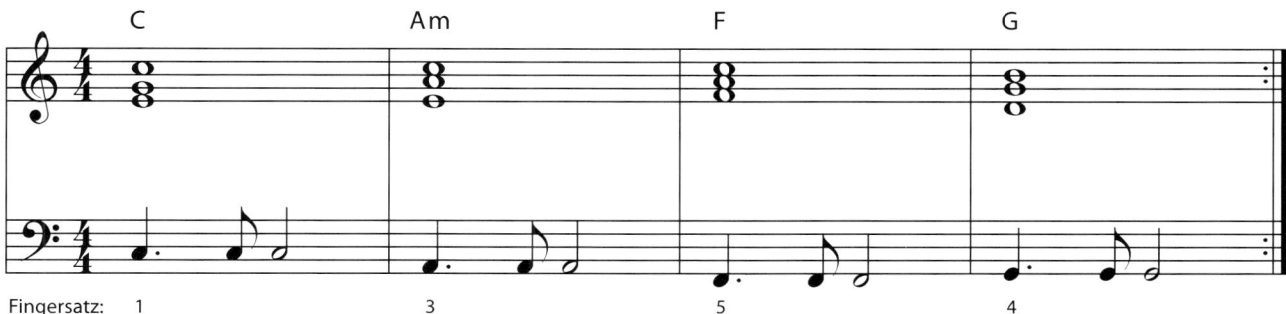

41.2. Die 1625-Kadenz

Die Akkorde werden auf der 1. Stufe, der 6. Stufe, der 2. Stufe und der 5. Stufe einer Durtonleiter aufgebaut. Nehmen wir die C-Dur-Tonleiter als Ausgangstonleiter, so erhalten wir folgende Akkorde:

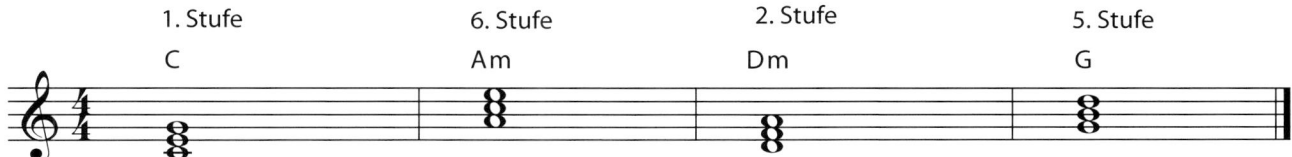

Durch Umkehrungen wird die Spielweise der Akkorde vereinfacht.

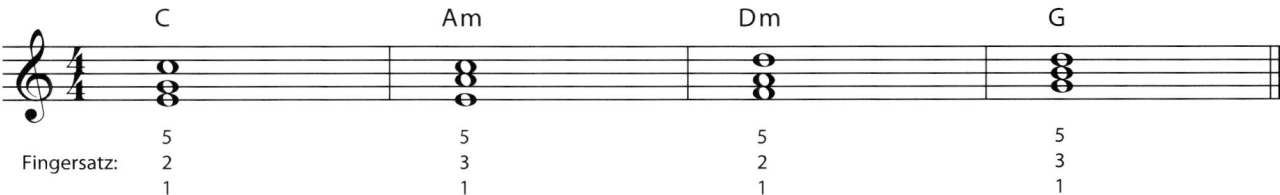

 **30.1**

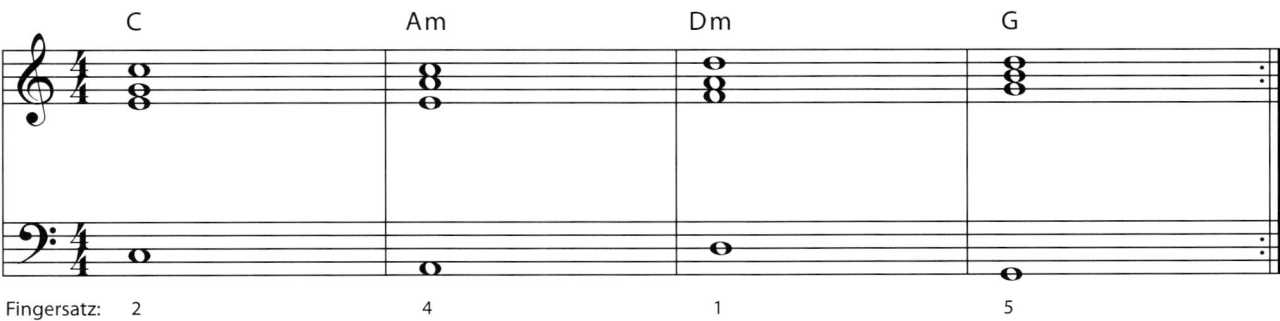

In der folgenden Übung spielt die punktierte Bassfigur die Akkorde im halbtaktigem Wechsel.

Nun spielen beide Hände zusammen. Wir benutzen wieder genau den Fingersatz, wie in den beiden vorigen Übungen.

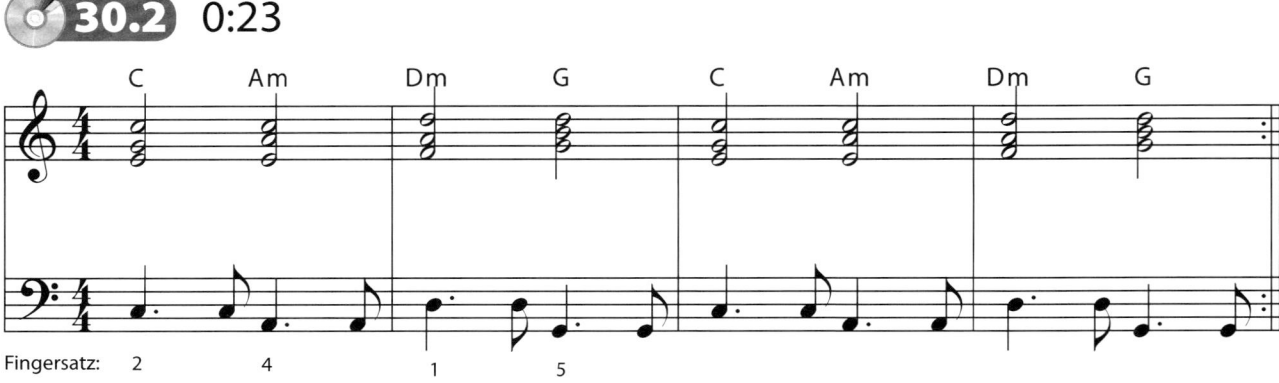

Die 1625-Kadenz in G-Dur

Übe die Hände zunächst einzeln, erst dann zusammen.

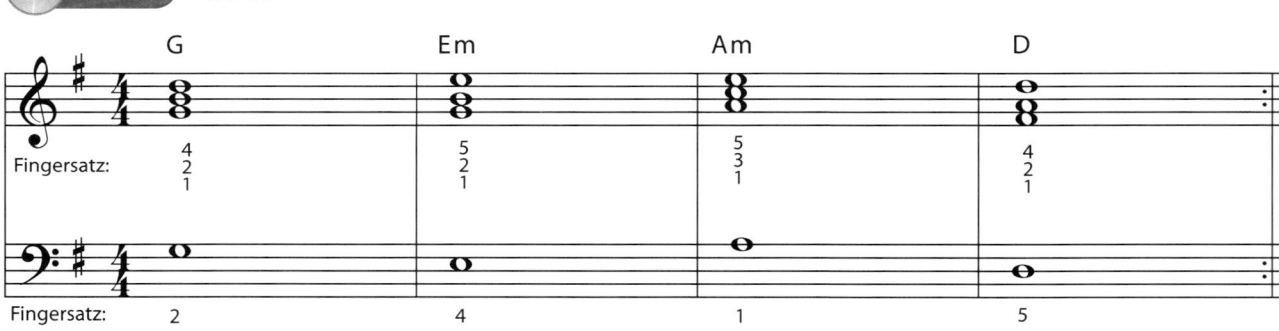

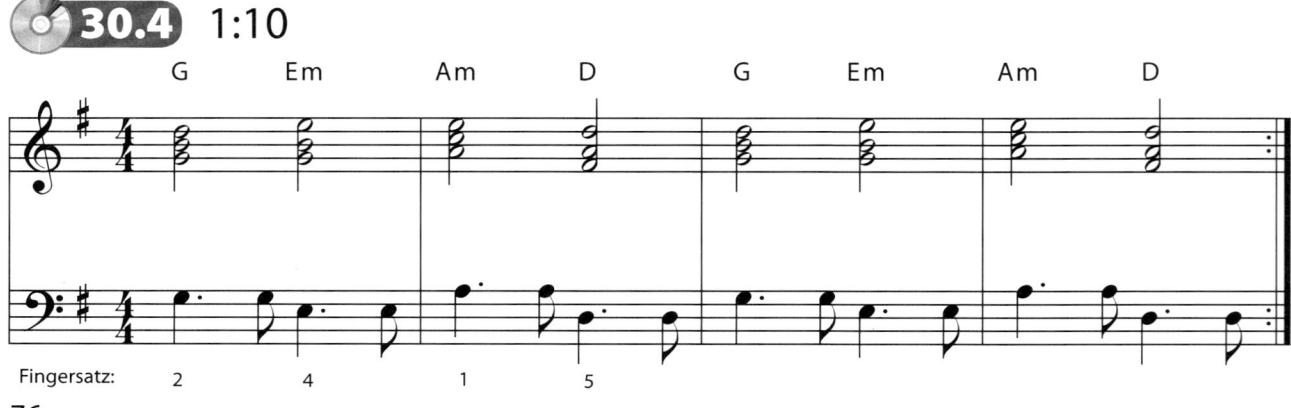

76

41.3 Kadenzmodell einer Rock-Ballade

Übe die Hände zunächst einzeln, erst dann zusammen.
Beachte die Fingersätze.

41.4 Die Latin-Kadenz

Die folgende Akkordfolge Am-G-F-E, bzw. die entsprechende Akkordfunktionsfolge findet man häufig in der spanischen Gitarren-Musik. In der Popmusik wird sie als „Latin-Pop" oder einfach nur „Latin" bezeichnet.
Die rechte Hand spielt auf zwei Stimmen verkürzte Akkorde, die durch die Hinzunahme der linken Hand auf vollständige 3-Stimmige Akkorde erweitert werden.
Beachte: Im 4. Takt erhält der Ton G ein Kreuzvorzeichen und wird zum Gis.

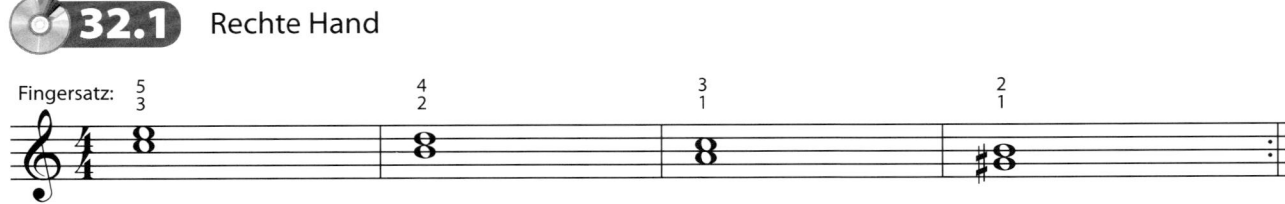

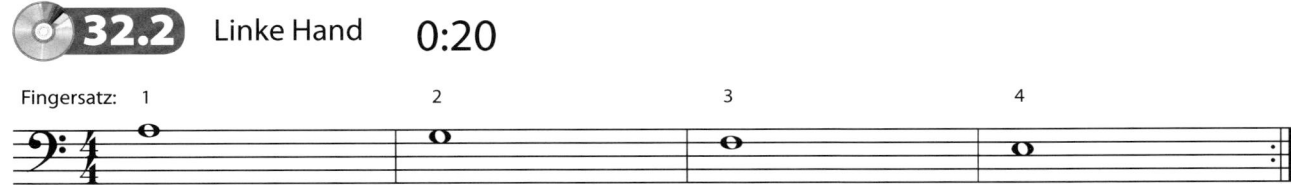

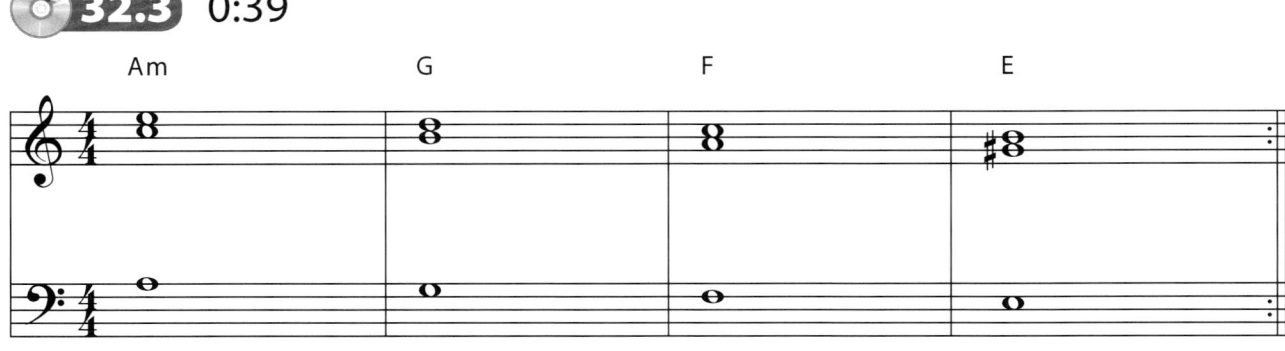

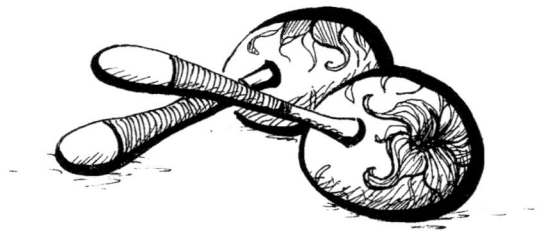

32.4 0:59

Im folgenden Beispiel entsteht durch das Weglassen des Akkordes auf der Zählzeit 4 eine Betonung auf der Zählzeit 3+.

32.5 1:18

Harmonielehre

Die obige Kadenz mit der Akkordfolge Am-G-F-E hat als Basis die C-Dur-Tonleiter. Jetzt ist allerdings Am die Tonika (also eine Molltonika).

A-Moll steht auf der 6. Stufe der C-Dur-Tonleiter und wird auch als parallele Molltonart bezeichnet. Bilden wir nun wieder die diatonischen Dreiklänge so ergibt sich auf der 5. Stufe ein E-Moll Dreiklang. Da dieser Akkord auf der 5. Stufe der A-Moll-Leiter steht, wäre er die Dominante von Am. Doch der Klangeindruck von E-Moll nach A-Moll erzeugt keinen Dominante-Tonika-Charakter. Dies liegt daran, dass dem E-Moll-Akkord ein sogenannter Leitton fehlt. Der Leitton leitet in einem Halbtonschritt von der Terz der Dominante zum Grundton der Tonika. Um dieses zu erreichen wird aus dem Ton g im E-Moll-Akkord ein gis. Jetzt ist es ein E-Dur-Akkord mit großer Terz gis. Diese große Terz gis leitet im Halbtonschritt zum Grundton a der Tonika A-Moll.

Hieraus ergibt sich folgende Akkordreihe:

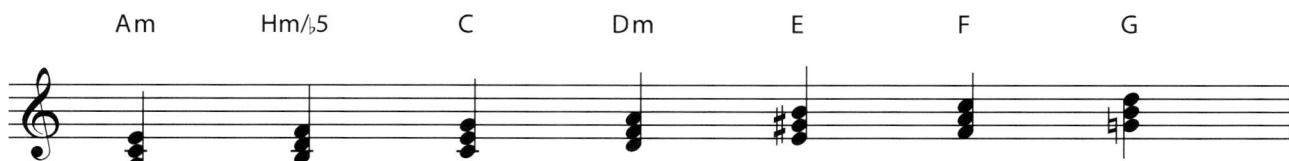

42. Greensleeves

englische Volksweise,
Bearbeitung: Herbert Kraus-Detemple
© Voggenreiter Verlag, Bonn

Fingersatz:

Bei diesem Song handelt es sich um ein spätmittelalterliches Volkslied (ca. 1530) aus England. Inte-ressanterweise finden wir im ersten Teil des Stückes die harmonische Struktur der Latin-Kadenz.

Um den Charakter mittelalterlicher Musik zu erzeugen, spielt die linke Hand immer nur den Grund-ton und die Quinte in zweistimmiger Begleitung.

Das Stück steht im ¾-Takt und beginnt mit einem Auftakt auf der Zählzeit 3.
Der Vorzähl-Klick hat 5 Schläge (3 Viertel + 2 Viertel).

Harmonielehre

Die harmonische Struktur:

Am	Am	G	G	F	F	E	E

Am	Am	G	G	F	E	Am	Am

C	C	G	G	F	F	E	E

C	C	G	G	F	E	Am	Am

43. Triolen

Eine Triole ist eine Gruppe von drei aufeinanderfolgenden gleichlangen Noten, die an Stelle von zwei Noten desselben Wertes notiert werden. Beispiel: Eine Triole mit drei Viertelnoten hat insgesamt die gleiche Dauer wie zwei normale Viertelnoten.
Zur Kennzeichnung wird über die Dreiergruppe der Triole die Ziffer 3 notiert. Beispiele:

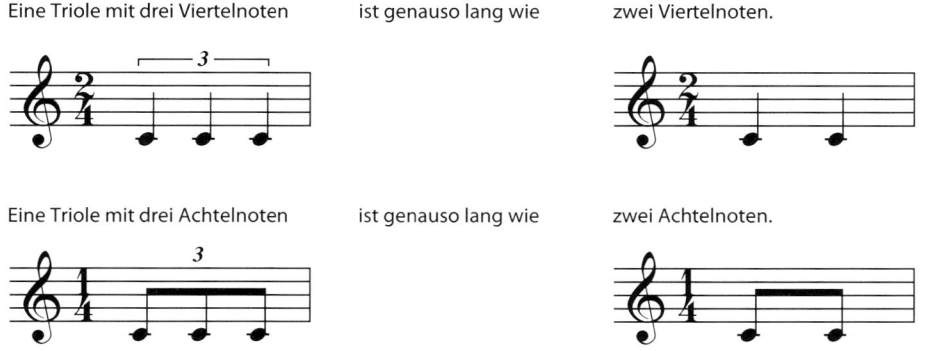

Triolen können mit jedem beliebigen Notenwert gebildet werden. Sie können auch Pausen enthalten, z. B.:

83

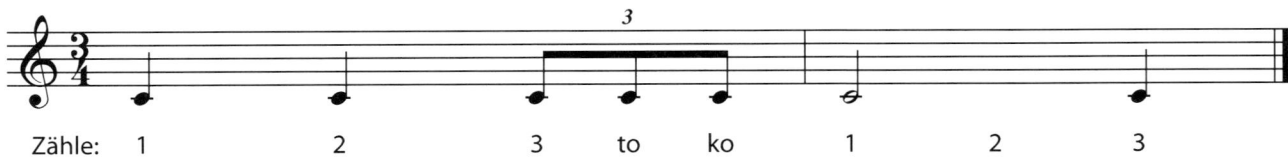

34.4 0:47

Zähle: 1   2   3 to ko   1   2   3

44.   Amazing Grace

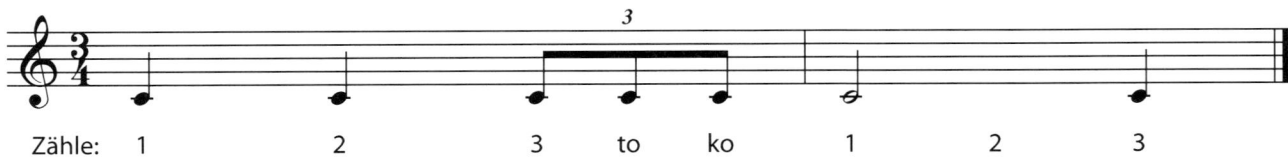

35

Spiritual, Bearbeitung: Herbert Kraus-Detemple
© Voggenreiter Verlag, Bonn

Fingersatz: 1   3

Zähle: 3   +   1   2   3 to ko   1   2   3

45. Das Pedal

Zur Bindung einer Melodie oder von Begleitakkorden kann ein Pedal eingesetzt werden (auch als Sustain-Pedal bezeichnet). Man beachte beim Einsatz eines Pedals, dass durch die angehaltenen Töne kein musikalischer „Brei" entsteht. Alle Noten, die nach dem Drücken des Pedals gespielt werden klingen weiter bis zum Loslassen. So ist es immer wichtig, die Momente des Drückens und des Lösens genau zu koordinieren.

Ped.   bedeutet: Pedal drücken

✻   bedeutet: Pedal loslassen

Das folgende Beispiel zeigt die einfachste Weise der Koordinierung mit gleichzeitigem Drücken des Pedals und Anschlagen der Tasten auf der Zählzeit 1.
Das Lösen des Pedals erfolgt mit dem Anschlag auf der Zählzeit 3.

Spiele mit der linken Hand.

Im folgenden Beispiel wird das Pedal genau wie in der vorangegangenen Übung eingesetzt. Wir drücken das Pedal auf der Zählzeit 1 und lösen auf der Zählzeit 3.

45.1 Amazing Grace (mit Pedal)

Spiritual, Bearbeitung: Herbert Kraus-Detemple
© Voggenreiter Verlag, Bonn

46. Rock'n'Roll in C-Dur

Bass-Begleitung

Der Rock'n'Roll-Basslauf wird auf dem Grundton des jeweiligen Akkordes aufgebaut mit Grundton, großer Terz, reiner Quinte, großer Sexte und kleiner Septe (bzw. Oktave).

Im folgenden Beispiel ist der Bass in tiefer Lage notiert. So ergibt sich der besonders kräftige Klang; typisch für Rock'n'Roll, Blues und Boogie-Woogie.

Die Begleitakkorde der rechten Hand in verschiedenen Lagen:

Bass-Begleitung und Akkorde

Nun spielen beide Hände zusammen. Die linke Hand hat wieder den zuvor gezeigten Bass-Lauf. Die rechte Hand spielt die Akkordbegleitung in Achtelnoten immer auf der Zählzeit „+".

Spiele die Begleitakkorde der rechten Hand auch in anderen Lagen (wie auf der vorangegangenen Seite gezeigt).

Harmonielehre

Die 12-taktige Form ist ein wesentliches Merkmal für die meisten Rock'n'Roll-, Blues-, und Boogie-Woogie-Stücke. Sie wird deshalb auch als **12-taktige Bluesform** bezeichnet. Die Abfolge der Akkorde der 12-taktigen Bluesform ist im Prinzip immer gleich. Es können jedoch einzelne Akkorde mit sogenannten Vertretungs-Akkorden ausgetauscht werden.
Die harmonische Basis der 12-taktigen Bluesform:

C	C	C	C
Tonika	Tonika	Tonika	Tonika
I. Stufe	I. Stufe	I. Stufe	I. Stufe

F	F	C	C
Subdominante	Subdominante	Tonika	Tonika
IV. Stufe	IV. Stufe	I. Stufe	I. Stufe

G	F	C	C
Dominante	Subdominante	Tonika	Tonika
V. Stufe	IV. Stufe	I. Stufe	I. Stufe

47. Rock'n'Roll in G-Dur

Bass-Begleitung

Der folgende Basslauf hat die gleichen Funktionstöne (Grundton, Terz, Sexte, kleine Septe) wie im C-Dur-Beispiel.

Die Begleitakkorde der rechten Hand in verschiedenen Lagen:

Rock'n'Roll – beide Hände

Zähle: 1   +   2   +   3   +   4   +

Spiele die Begleitakkorde der rechten Hand auch in anderen Lagen (wie auf der vorangegangenen Seite gezeigt).

Harmonielehre:

G-Dur ist die Tonika. Wir beziehen die weiteren Akkorde auf diese Tonika und erhalten folgende Struktur:

G Tonika I. Stufe	G Tonika I. Stufe	G Tonika I. Stufe	G Tonika I. Stufe
C Subdominante IV. Stufe	C Subdominante IV. Stufe	G Tonika I. Stufe	G Tonika I. Stufe
D Dominante V. Stufe	C Subdominante IV. Stufe	G Tonika I. Stufe	G Tonika I. Stufe

48.   F-Dur

F-Dur hat ein ♭-Vorzeichen, welches den Ton h um einen Halbtonschritt erniedrigt. Nun heißt der Ton b.

Die F-Dur-Tonleiter:

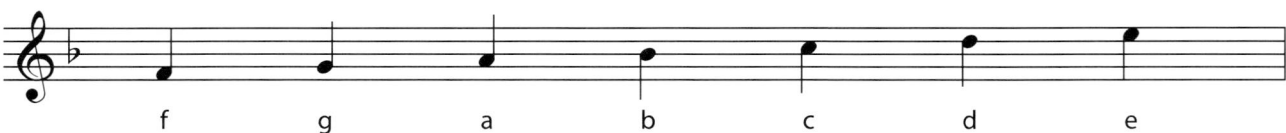

f   g   a   b   c   d   e

F-Dur-Tonleiterübungen
Beachte den Fingersatz.

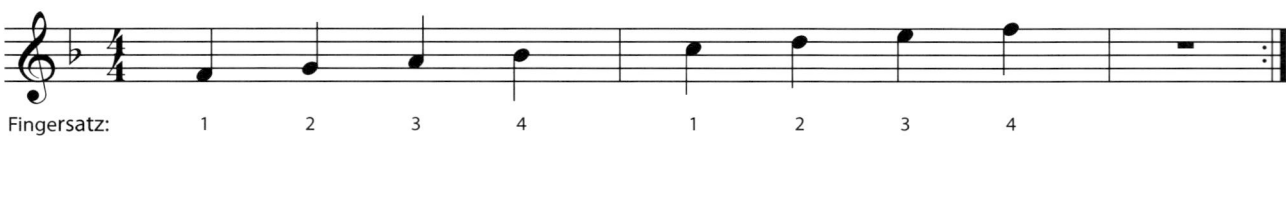

Fingersatz: 1   2   3   4   1   2   3   4

Fingersatz: 4   3   2   1   4   3   2   1

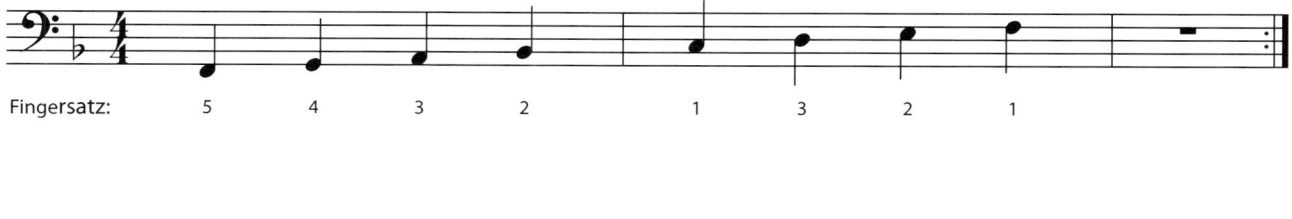

Fingersatz:　　5　　4　　3　　2　　1　　3　　2　　1

Fingersatz:　　1　　2　　3　　1　　2　　3　　4　　5

49.　Diatonische Akkorde der F-Dur-Tonleiter

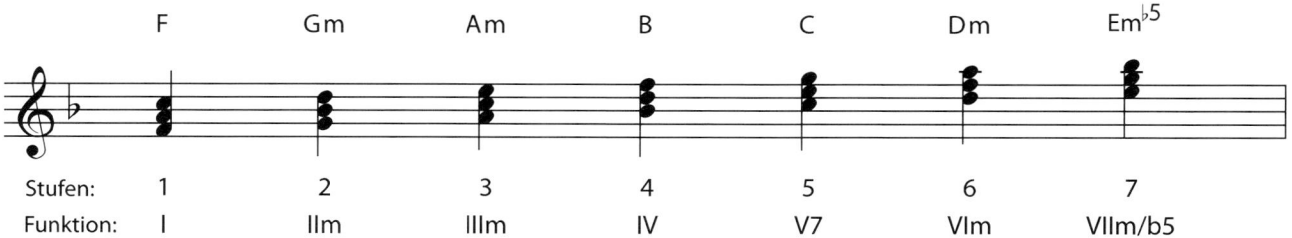

Stufen:	1	2	3	4	5	6	7
Funktion:	I	IIm	IIIm	IV	V7	VIm	VIIm/b5

Harmonielehre

Auf den Stufen 1, 4 und 5 sind Dur-Dreiklänge.

1. Stufe = F-Dur, Tonika
4. Stufe = B-Dur, Subdominante
5. Stufe = C-Dur, Dominante

Auf den Stufen 2, 3 und 6 sind Moll-Dreiklänge.

2. Stufe = Gm = II m
3. Stufe = Am = III m
6. Stufe = Dm = VI m

Auf der 7. Stufe ist ein Moll-Dreiklang mit verminderter Quinte (b5).

7. Stufe = Em/b5 = VII m/b5

Beim Em-Dreiklang mit reiner Quinte heißen die Akkordtöne e-g-h. Da aber in der F-Dur-Tonleiter kein h sondern ein b steht, kommt es an dieser Stelle zum b5-Akkord.

Hinweis: In der internationalen Bezeichnung bedeutet B = deutsches H. Das internationale B wird mit Bb bezeichnet.

50. Rock'n'Roll in F-Dur

Rock'n'Roll-Bass-Begleitung und Akkorde in F-Dur

Die Begleitakkorde der rechten Hand in verschiedenen Lagen:

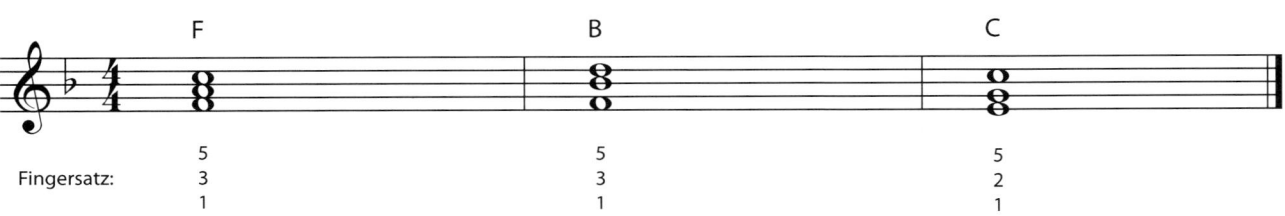

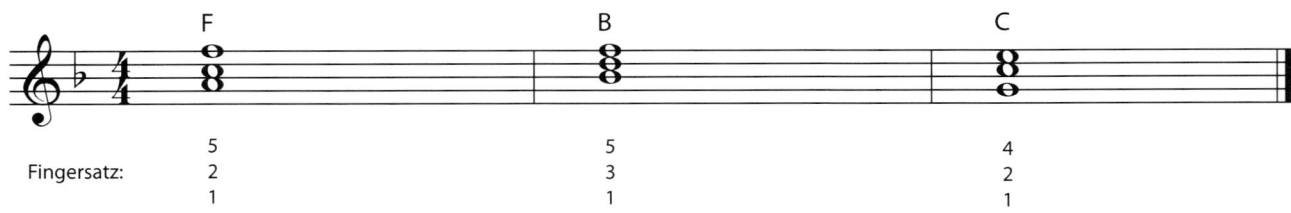

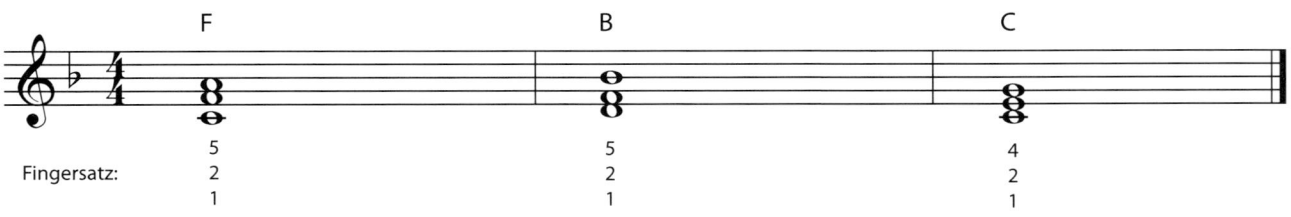

Rock'n'Roll in F-Dur – beide Hände

Zähle: 1 + 2 + 3 + 4 +

Spiele die Begleitakkorde der rechten Hand auch in anderen Lagen (wie auf der vorangegangenen Seite gezeigt).

Harmonielehre

F-Dur ist die Tonika. Nun beziehen wir die weiteren Akkorde auf diese Tonika.
Es ergibt sich folgende Struktur:

F	F	F	F
Tonika	Tonika	Tonika	Tonika
I. Stufe	I. Stufe	I. Stufe	I. Stufe

B	B	F	F
Subdominante	Subdominante	Tonika	Tonika
IV. Stufe	IV. Stufe	I. Stufe	I. Stufe

C	B	F	F
Dominante	Subdominante	Tonika	Tonika
V. Stufe	IV. Stufe	I. Stufe	I. Stufe

51. Blues und Boogie-Woogie

Blues und Boogie-Woogie sind die Vorläufer des Rock'n'Roll. Während der Rock'n'Roll in den Jahren um 1950 entstand, entwickelte sich der Blues- und Boogie-Woogie-Klavierstil schon um 1920. Der Boogie-Woogie hat im Gegensatz zum Blues die rhythmisch lebhaftere Bassfigur und wird in der Regel in mittelschnellen und schnellen Tempi gespielt.

Die 12-taktige Form ist in beiden Stilen gleich und entspricht der des im vorigen Kapitel gezeigten Rock'n'Roll.

In einigen Fällen gibt es aber auch andere Abläufe, die nicht der 12-taktigen Form entsprechen (z. B. 14-taktige oder 16-taktige Form).

Blues-Bass

Die Achtelnoten der folgenden Übung können sowohl binär (= gerade Achtel) als auch ternär (= triolische Achtel) gespielt werden. „Triolische Achtel" bedeutet, dass die Achtelnote der „+"-Zählzeit rhythmisch auf dem dritten Achtel einer Triole gespielt wird.

Die folgenden Übungen für die Bass-Begleitung sind einmal binär und einmal ternär eingespielt. Die untere Note wird immer mit dem kleinen Finger, die obere Note immer mit dem Daumen gespielt.

40.1 binär

40.2 ternär   0:15

Tipp zum Üben: Diese Bassfigur sollte mit viel Ausdauer geübt werden, da sie bei der Hinzunahme der rechten Hand völlig unabhängig von dieser gespielt wird. Der Spieler konzentriert sich dann nur noch auf die rechte Hand, während die Bassfigur der linken Hand „automatisch" mitläuft.

Nun ein kompletter Chorus (Strophe) mit dem eben gezeigten Blues-Bass. Als harmonische Erweiterung geht im letzten Takt der Bass in zwei Halbtonschritten zur Dominante (Töne: f-fis-g).

41.1 binär
41.2 ternär   1:05

52.   Akkorde und Bass

In den folgenden Übungen spielt die rechte Hand typische Begleitakkorde und Melodiefiguren (sogenannte „Licks"), wie sie im Blues und Boogie üblich sind.
Spiele die Hände zunächst einzeln, erst dann zusammen. Zähle laut.
Die Tonbeispiele sind jeweils zuerst binär, dann ternär eingespielt.

42.1   binär

42.2   ternär   0:34

 binär

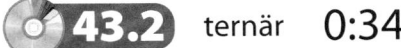 ternär   0:34

Zähle: 1   +   2   +   3   +   4   +

100

 binär

 ternär 0:34

Zähle: 1   +   2   +   3   +   4   +

101

 binär

 ternär   0:34

Zähle: 1 + 2 + 3 + 4 +   1 + 2 + 3 + 4 +

Zähle: 1   +   2   +   3   4

1   +   2   +   3   +   4   +

1   +   2   +   3   4

 binär

 ternär 0:34

Zähle: 1 + 2 + 3 + 4 +   1 + 2 + 3 + 4 +

53. Neuer Boogie-Bass

Wir kommen nun zu einer neuen Bassfigur der linken Hand.
Auch diese Bassfigur lässt sich sowohl binär als auch ternär spielen.

Harmonielehre

Die harmonische Besonderheit in diesem Stück ist der „F#o-Akkord" im 12. Takt.
„o" bedeutet **verminderter Septakkord**.
Die gleiche Bedeutung haben auch die Bezeichnungen „o7", „dim." und „verm.".

Die Bildung des verminderten Septakkordes geschieht durch die Übereinanderschichtung von drei kleinen Terzen.
Beachte: die Septe ist noch einen Halbton tiefer, als die kleine Septe. Sie heißt deshalb verminderte Septe. Die um einen Halbton erniedrigte Quinte heißt verminderte Quinte.

verminderte Septe
verminderte Quinte
kleine Terz
Grundton

Das folgende Stück ist ein amerikanisches Volkslied. Die Bearbeitung als Boogie-Woogie war in den 1920er Jahren ein beliebtes Stilmittel der damaligen Pianisten.

54. Swanee River

Stephen Collins Foster (1864-1926),
Bearbeitung: Herbert Kraus-Detemple
© Voggenreiter Verlag, Bonn

48 ternär

107

55. Ragtime

Der Ragtime-Pianostil entstand ca. um 1890. Sein bekanntester Vertreter ist der Pianist und Komponist Scott Joplin.
Das folgende Stück „The Entertainer" zählt zu seinen erfolgreichsten Kompositionen.
Die hier gezeigte Bearbeitung beinhaltet den ersten Teil des Stückes.

55.1 The Entertainer

Komposition: Scott Joplin,
Bearbeitung: Herbert Kraus-Detemple
© Voggenreiter Verlag, Bonn

56.　Der 6/8-Takt

Im 6/8-Takt zählt man je Takt 1, 2, 3, 4, 5, 6.

56.1　The house of the rising sun

Volksweise, Bearbeitung: Herbert Kraus-Detemple
© Voggenreiter Verlag, Bonn

57. Keyboardbegleitung mit Arpeggio

„Arpeggio" bedeutet, dass die Töne eines Akkordes nicht gleichzeitig, sondern nacheinander gespielt werden. Man spricht hier auch von „gebrochenen Akkorden".

57.1 The house of the rising sun (mit Arpeggio)

Volksweise, Bearbeitung: Herbert Kraus-Detemple
© Voggenreiter Verlag, Bonn

58. Basslinien im ¾-Takt

Der Bass geht schrittweise vom Ausgangston zum Zielton. Beispiel: In Takt 1 bis 5 beginnt der Bass mit f und geht schrittweise abwärts zum b, danach wieder aufwärts zum c von Takt 7.
Die Methode der schrittweisen Bassführung zieht sich durch das gesamte Stück.
Natürlich kann diese Technik nicht ausnahmslos angewendet werden, sondern wird durch Bass-Sprünge an den erforderlichen Stellen ergänzt.

58.1 Le chat qui danse

Komposition: Herbert Kraus-Detemple
© Voggenreiter Verlag, Bonn

59. Bass und Akkorde in einer Hand

Im folgenden Beispiel spielt die linke Hand zusätzlich zu den Basstönen noch zweistimmige Begleitakkorde. Übe die linke Hand zunächst einzeln.

59.1 Le chat qui danse (Version 2)

Komposition: Herbert Kraus-Detemple
© Voggenreiter Verlag, Bonn

115

60. D-Dur

Die Tonart D-Dur hat zwei Kreuzvorzeichen. Die erhöhten Töne sind fis (schon bekannt aus G-Dur) und cis. So ergeben sich wieder die Halbtonschritte vom 3. zum 4. und vom 7. zum 8. Ton der Dur-Tonleiter.

Die D-Dur-Tonleiter:

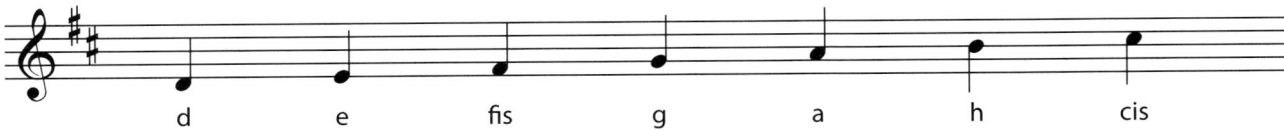

d   e   fis   g   a   h   cis

D-Dur-Tonleiterübungen
Beachte den Fingersatz. Spiele die Übungen mehrmals hintereinander.

Rechte Hand

Fingersatz: 1   2   3   1   2   3   4   5

Rechte Hand

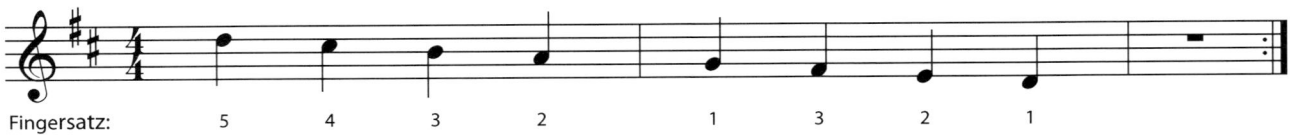

Fingersatz: 5   4   3   2   1   3   2   1

Linke Hand

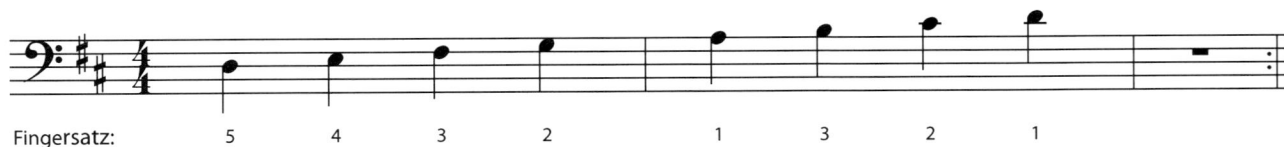

Fingersatz: 5   4   3   2   1   3   2   1

Linke Hand

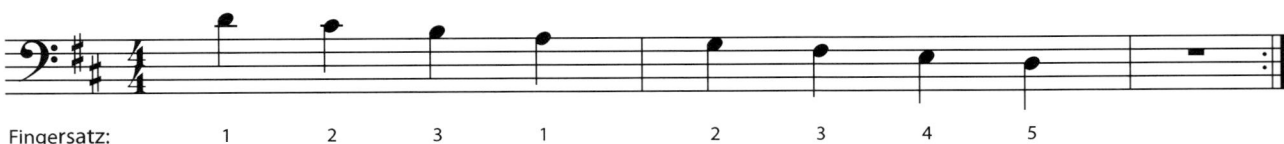

Fingersatz: 1   2   3   1   2   3   4   5

Die Akkorde entsprechen wieder den Funktionen Tonika (D), Subdominante (G) und Dominante (A). Spiele die Hände zunächst einzeln, erst dann zusammen.

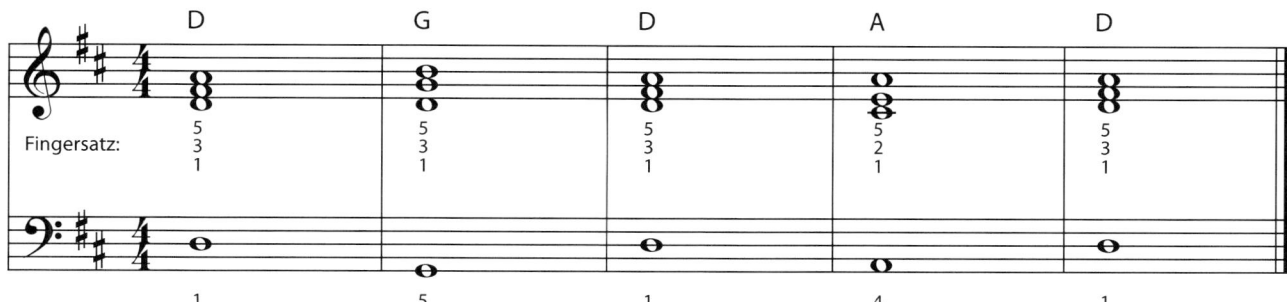

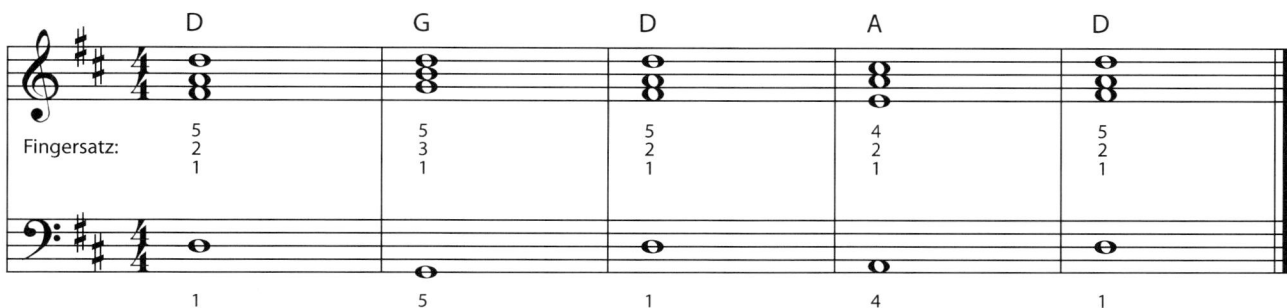

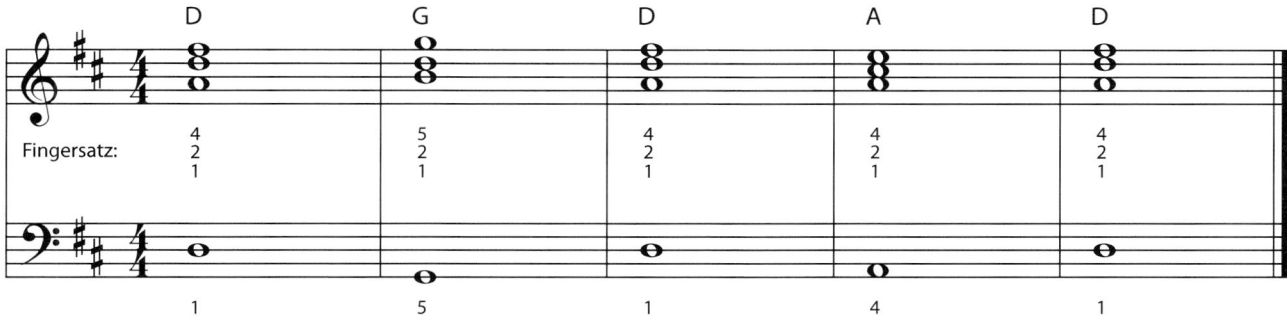

61. Diatonische Akkorde der D-Dur-Tonleiter

Harmonielehre

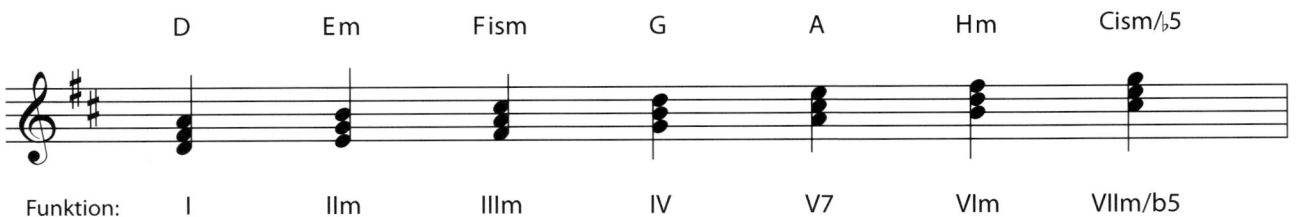

Auf den Stufen 1, 4 und 5 sind Dur-Dreiklänge.

1. Stufe = D-Dur, Tonika
4. Stufe = G-Dur, Subdominante
5. Stufe = A-Dur, Dominante

Auf den Stufen 2, 3 und 6 sind Moll-Dreiklänge.

2. Stufe = Em = II m
3. Stufe = Fism = III m
6. Stufe = Hm = VI m

Auf der 7. Stufe ist ein Moll-Dreiklang mit verminderter Quinte (♭5).

7. Stufe = Cis m/♭5 = VII m/♭5

Beim Cism-Dreiklang mit reiner Quinte heißen die Akkordtöne cis-e-gis. Da aber in der D-Dur-Tonleiter kein gis sondern ein g steht, kommt es an dieser Stelle zum ♭5-Akkord.

62. Bananaboat Song

Das folgende Stück „Bananaboat Song" ist ein Volkslied aus Jamaika und erzählt von den Dockarbeitern, die in den Häfen Jamaikas die Frachtschiffe mit Bananen beluden.

Ein wichtiges Merkmal dieses Stückes sind die Synkopen in der Melodie. Synkopen sind Betonungen auf der „leichten" +-Zählzeit. So entsteht der typische Charakter für diesen Musikstil.

Zur Übung ist die Melodie des 7. + 8. Taktes und die des 3. + 4. Taktes hier auf nur einem Ton gespielt.

55.1 (entspricht dem 7. + 8. Takt auf nur einem Ton)

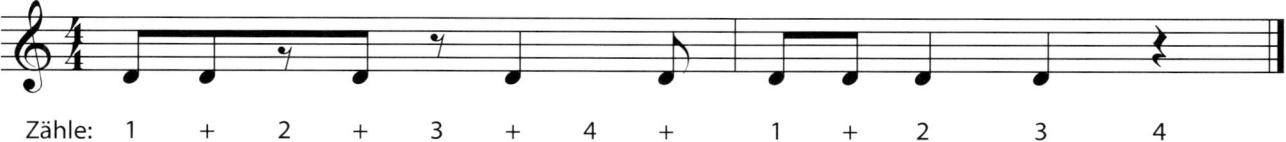

55.2 (entspricht dem 3. + 4. Takt auf nur einem Ton) 0:09

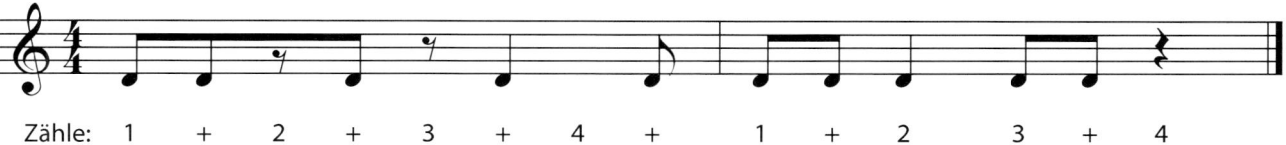

Bananaboat Song

Jamaikanische Volksweise, Herbert Kraus-Detemple
© Voggenreiter Verlag, Bonn

56

Zum Ablauf des Stückes:

Man spielt das Stück vom Anfang bis zur Stelle „1. Da Capo" (Doppelstrich, letzter Takt). „Da capo" bedeutet „vom Anfang". Das Stück wird also wieder von ganz vorne begonnen, bis zur Stelle „2. Da capo al fine". „Da Capo al Fine" bedeutet" vom Anfang bis Fine". Das Stück wird wieder von vorne gespielt, dieses Mal bis zur Stelle „Fine" (Fine = Ende).

Harmonische Analyse

Das Stück beinhaltet nur die Harmonien D und A. Zur Feststellung der Tonika-Tonart schauen wir auf die Vorzeichen und den Schlussakkord (bei Fine). Sowohl die beiden Kreuze als auch der Schlussakkord zeigen, dass das Stück in D-Dur steht.
D = Tonika (1. Stufe), A = Dominante (5. Stufe).

63. A-Dur

Die Tonart A-Dur hat drei Kreuzvorzeichen. Die erhöhten Töne sind fis, cis (schon bekannt aus D-Dur) und gis. So ergeben sich wieder die Halbtonschritte vom 3. zum 4. und vom 7. zum 8. Ton der Dur-Tonleiter.

Die Töne der A-Dur-Tonleiter:

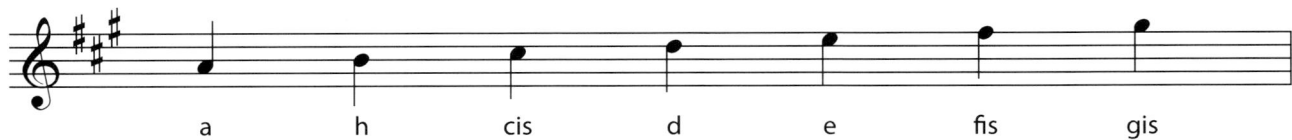

a   h   cis   d   e   fis   gis

Tonleiter-Übungen
Beachte den Fingersatz und den Pausentakt vor der Wiederholung (auszählen).

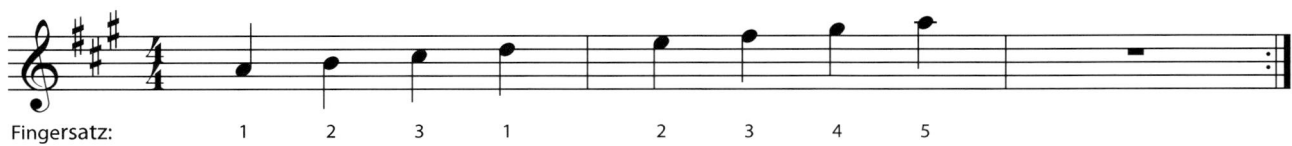

Fingersatz: 1   2   3   1   2   3   4   5

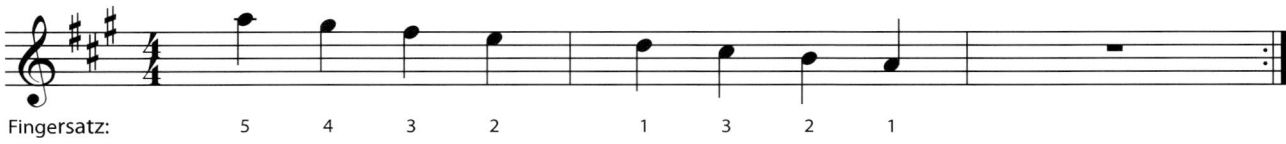

Fingersatz: 5   4   3   2   1   3   2   1

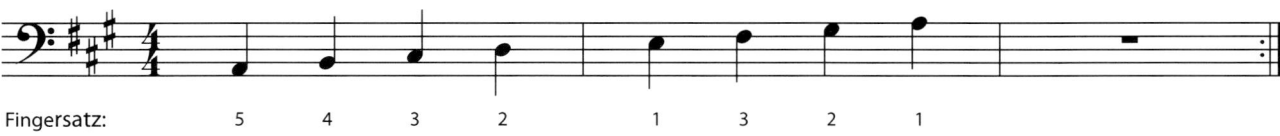

Fingersatz: 5   4   3   2   1   3   2   1

Fingersatz: 1   2   3   1   2   3   4   5

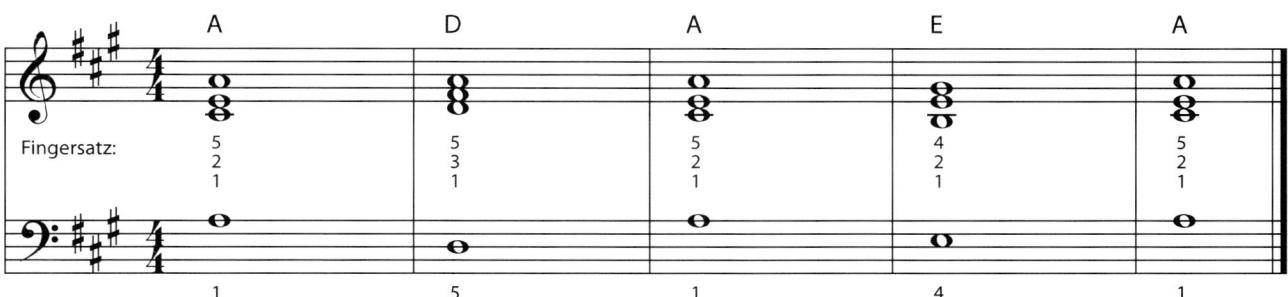

Harmonielehre

A-Dur = Tonika   =   1. Stufe
D-Dur = Subdominante   =   4. Stufe
E-Dur = Dominante   =   5. Stufe

64. Diatonische Akkorde der A-Dur-Tonleiter

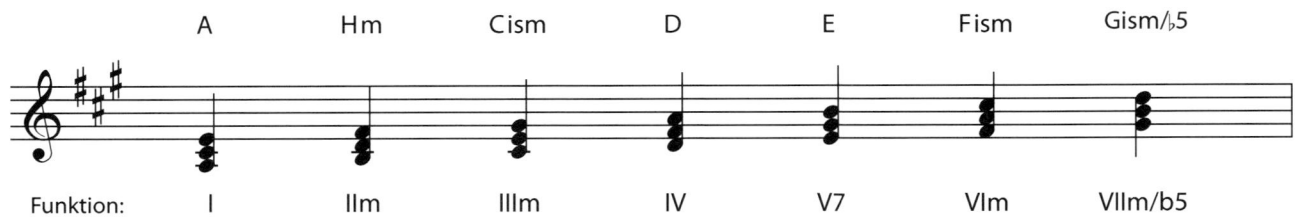

Harmonielehre

Auf den Stufen 1, 4 und 5 sind Dur-Dreiklänge.

1. Stufe = A-Dur, Tonika
4. Stufe = D-Dur, Subdominante
5. Stufe = E-Dur, Dominante

Auf den Stufen 2, 3 und 6 sind Moll-Dreiklänge.

2. Stufe = Hm = II m
3. Stufe = Cism = III m
6. Stufe = Fism = VI m

Auf der 7. Stufe ist ein Moll-Dreiklang mit verminderter Quinte (♭5).

7. Stufe = Gism/♭5 = VII m/♭5

Beim Gism-Dreiklang mit reiner Quinte hießen die Akkordtöne gis-h-dis.
Da aber in der A-Dur-Tonleiter kein dis sondern ein d steht, kommt es an dieser Stelle zum ♭5-Akkord.

Das hier gezeigte „Andante" wurde von Wolfgang Amadeus Mozart komponiert und stammt aus der Klaviersonate in A-Dur. Mozart gehört neben Beethoven zu den bekanntesten klassischen Komponisten. Er lebte von 1756 bis 1791. Andante ist eine Tempobezeichnung und bedeutet soviel wie „gehend", also mittelschnell. Es liegt auf dem Metronom (= Gerät zur Tempoanzeige) zwischen 76 und 108 Schlägen pro Minute.

Tipp: Bei diesem Stück kann durch leichte Variationen in Tempo und Lautstärke ein größerer Ausdruck erzeugt werden.

65.   Thema Andante

Komposition: Mozart,
Bearbeitung: Herbert Kraus-Detemple
© Voggenreiter Verlag, Bonn

66. Blues-Begleitung mit Dominant-Septakkorden

Zur Zeit der Entstehung des Blues und Boogie-Woogie verwendete man zur Begleitung dieser Musik nur Dominantseptakkorde, also Akkorde mit großer Terz, reiner Quinte und kleiner Septe. Da es zu dieser Zeit noch keine Akkordbegleitung mit großer Septe gab, bezeichnete man die Akkorde einfach mit dem Zusatz 7, also C7, D7, E7 usw.
Es steht also auf allen Stufen ein Dominantseptakkord.

Akkordbegleitung eines Blues in A-Dur mit Dominantseptakkorden für die linke Hand:

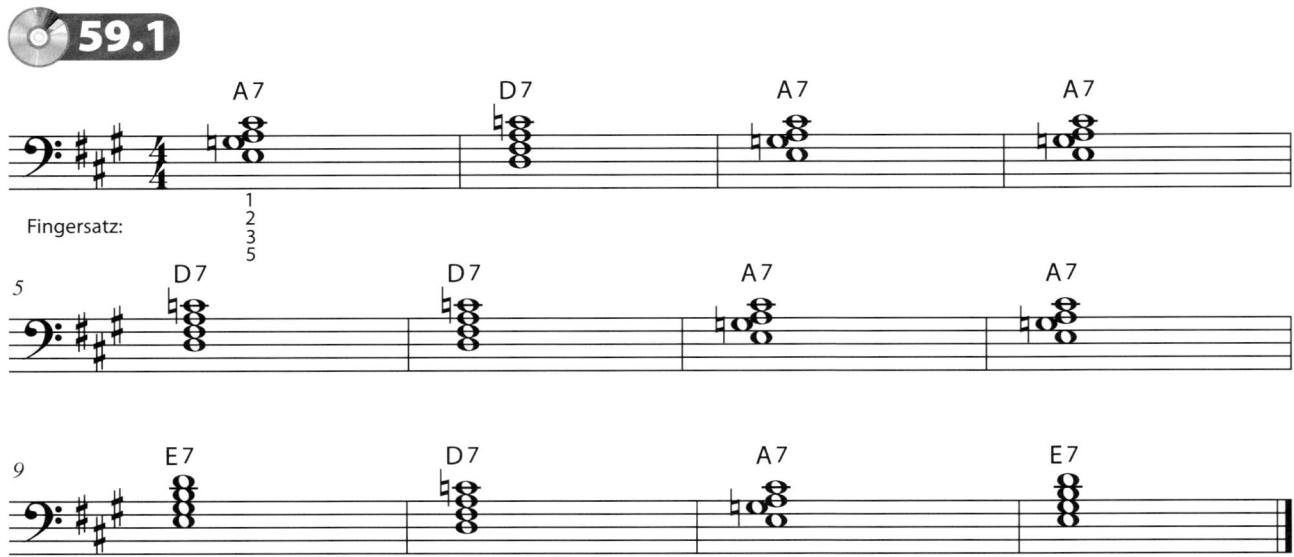

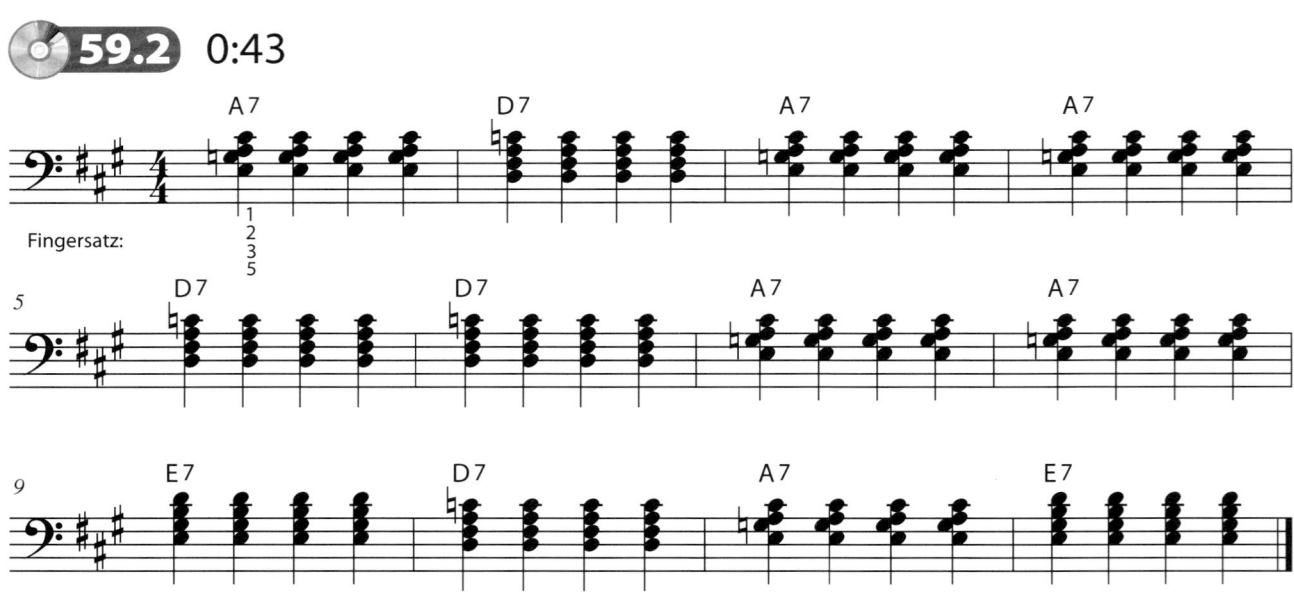

Akkordbegleitung mit Melodie

Beachte, dass im 12. Takt der Dominantakkord E7 erst auf der Zählzeit 3 erscheint. Die rhythmische Struktur der Melodie ist in jedem Takt gleich. Die Melodieabschnitte enden je Takt immer auf der Zählzeit 2+ mit daran angebundener halben Note. Die 2+ ist im Grunde eine vorgezogene 3 und erzeugt durch das Vorziehen den typischen Swing-Effekt (vgl. Synkope).

66.1 Comping the Blues

Komposition: Herbert Kraus-Detemple
© Voggenreiter Verlag, Bonn

Harmonielehre

In den beiden vorangegangenen Beispielen steht im 2. Takt die Subdominante und im 12. Takt die Dominante. Der übrige Verlauf entspricht der schon bekannten Bluesform.

A7 Tonika I. Stufe	D7 Subdominante IV. Stufe	A7 Tonika I. Stufe	A7 Tonika I. Stufe
D7 Subdominante IV. Stufe	D7 Subdominante IV. Stufe	A7 Tonika I. Stufe	A7 Tonika I. Stufe
E7 Dominante V. Stufe	D7 Subdominante IV. Stufe	A7 Tonika I. Stufe	A7 E7 Tonika Dominante I. Stufe V. Stufe

67. Pentatonik und die Blue Notes

Der Begriff „Blue Note" stammt aus dem Blues und bezeichnet eine um einen Halbton nach unten erniedrigte Note.

Die wichtigsten Blue Notes sind die kleine Terz, die verminderte Quinte und die kleine Septe.

Das Markante einer Blue Note ist, dass sie harmonisch sozusagen unabhängig ist. Es können z. B. im Akkord die große Terz und in der Melodie gleichzeitig die kleine Terz erklingen.

Der Trick mit der Pentatonik

Die pentatonische Tonleiter stammt aus dem asiatischen Raum und besitzt nur fünf Töne. Sie hat die Intervalle:
Prim – große Sekunde – große Terz – reine Quinte – große Sexte.

Für eine auf C aufgebaute pentatonische Leiter ergeben sich folgende Töne:

Verwendet man nun diese C pentatonische Leiter im A-Blues, so ergeben sich im Bezug auf A schon zwei Blue Notes, nämlich c (kleine Terz) und g (kleine Septe).
Der Trick ist nun, während des gesamten Stückes, also auch beim Akkordwechsel, keine weiteren Töne zu benutzen. So erhält man auf einfachste Weise eine Blues-Tonleiter, die immer richtig klingt.
Die Struktur der so entstandenen Leiter bezeichnet man auch als Moll-Pentatonik.

Es ist allerdings wichtig, durch einige Übung eine gewisse Logik in die Melodien zu bekommen. Also, nicht wild drauf los, sondern mit musikalischem Gespür improvisieren, z. B.:

-   kurze Melodiepassagen wiederholen oder bei der Wiederholung nur geringfügig ändern
-   in rhythmisch klaren Strukturen spielen
-   bewusst auf den Zielton (Schlusston) einer Melodiepassage hin spielen, also nicht zufällig enden, weil einem nichts mehr einfällt
-   mit der Melodie eine Geschichte erzählen
-   eine kurze Passage zunächst nur singen und dann nachspielen

Diese Tipps sind nur einige von vielen Möglichkeiten eine Improvisation (im Moment des Spielens entstehende Melodie) zu gestalten. Am wichtigsten ist das regelmäßige und ausgiebige Training (Üben).

Die jeweils passende pentatonische Leiter liegt eine kleine Terz höher als der Grundton der Bluestonart in der sie eingesetzt wird. Nachfolgend einige Beispiele:

Im C-Dur-Blues wird die Es-pentatonische Leiter verwendet.

Fängt man mit dem Grundton des C-Dur-Blues an, ergibt sich folgende Struktur (= C-Moll-Pentatonik):

Im G-Dur-Blues wird die B-pentatonische Leiter verwendet.

Fängt man mit dem Grundton des G-Dur-Blues an, ergibt sich folgende Struktur (= G-Moll-Pentatonik):

Im D-Dur-Blues wird die F-pentatonische Leiter verwendet.

Fängt man mit dem Grundton des D-Dur-Blues an, ergibt sich folgende Struktur (= D-Moll-Pentatonik):

Im A-Dur-Blues wird die C-pentatonische Leiter verwendet.

Fängt man mit dem Grundton des A-Dur-Blues an, ergibt sich folgende Struktur (= A-Moll-Pentatonik):

Im E-Dur-Blues wird die G-pentatonische Leiter verwendet.

Fängt man mit dem Grundton des E-Dur-Blues an, ergibt sich folgende Struktur (= E-Moll-Pentatonik):

Im F-Dur-Blues wird die As-pentatonische Leiter verwendet.

Fängt man mit dem Grundton des F-Dur-Blues an, ergibt sich folgende Struktur (= F-Moll-Pentatonik):

Im B-Dur-Blues wird die Des-pentatonische Leiter verwendet.

Fängt man mit dem Grundton des B-Dur-Blues an, ergibt sich folgende Struktur (= B-Moll-Pentatonik):

Zum Abschluss folgen nun noch zwei Blues-Solostücke, die als Tonmaterial für die Melodie die pentatonische Leiter verwenden. Das zweite Stück benutzt zusätzlich noch die verminderte Quinte, ein typisches Stilmittel für den Blues.

68. Pentatonic Blues

Komposition: Herbert Kraus-Detemple
© Voggenreiter Verlag, Bonn

69. Blues mit verminderter Quinte

In der praktischen Anwendung wird nach der verminderten Quinte häufig entweder die reine Quinte oder die reine Quarte gespielt.

Im folgenden Beispiel ist die verminderte Quinte sehr sparsam eingesetzt, um so die ursprüngliche Melodie nicht grundsätzlich zu ändern. Damit nicht unnötig viele Vorzeichen verwendet werden müssen, ist bei einer Aufwärtsbewegung die verminderte Quinte als ♯4 und bei einer Abwärtsbewegung als ♭5 notiert.

69.1 Flat five Blues

Komposition: Herbert Kraus-Detemple
© Voggenreiter Verlag, Bonn

70. Der Quintenzirkel

Mit Hilfe des Quintenzirkels lassen sich eine Reihe harmonischer Zusammenhänge darstellen, so natürlich auch die der Dur-Tonleitern.

Wir untersuchen zunächst einmal die Entstehung des Quintenzirkels.

Betrachtet man z. B. die C-Dur-Tonleiter von C bis zum nächsten C, so stellt man fest, dass diese Leiter in zwei gleiche Hälften zu je 4 Tönen geteilt werden kann, nämlich je 2 Ganztonschritte gefolgt von einem Halbtonschritt.
Schon in der griechischen Antike nannte man diese Viertonreihen **Tetrachorde** (tetra = vier).

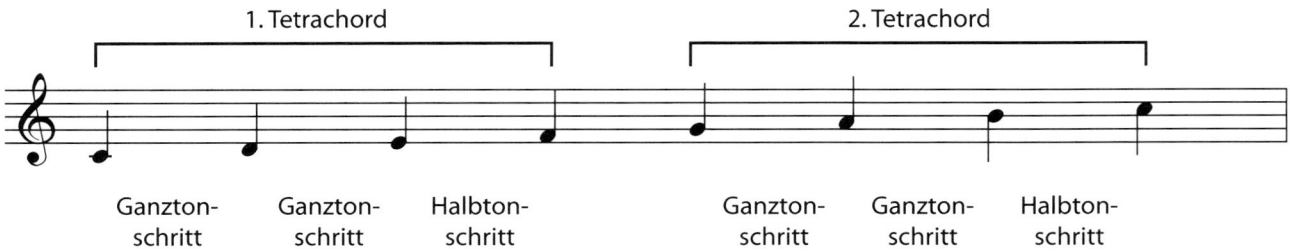

Der 2. Tetrachord beginnt auf der Quinte der Tonleiter. Da beide Tetrachorde die gleiche Struktur haben, ist es naheliegend vom ersten Ton des 2. Tetrachordes eine neue Tonleiter zu bilden. Der 2. Tetrachord wird also nun zum neuen 1. Tetrachord und die Tonfolge wird nach oben hin schrittweise mit dem Tonmaterial der vorhandenen C-Dur-Tonleiter erweitert.

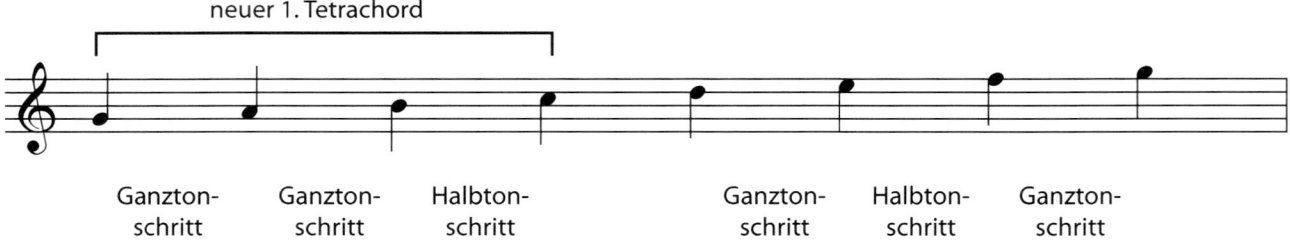

Die ersten vier Töne (1. Tetrachord) haben wieder die Struktur

Ganztonschritt – Ganztonschritt – Halbtonschritt.

Jedoch die folgenden Töne haben die Struktur

Ganztonschritt – Halbtonschritt – Ganztonschritt.

Um auch für die letzten vier Töne wieder die richtige Struktur zu erhalten, wird das f mit einem Kreuzvorzeichen zum fis erhöht.

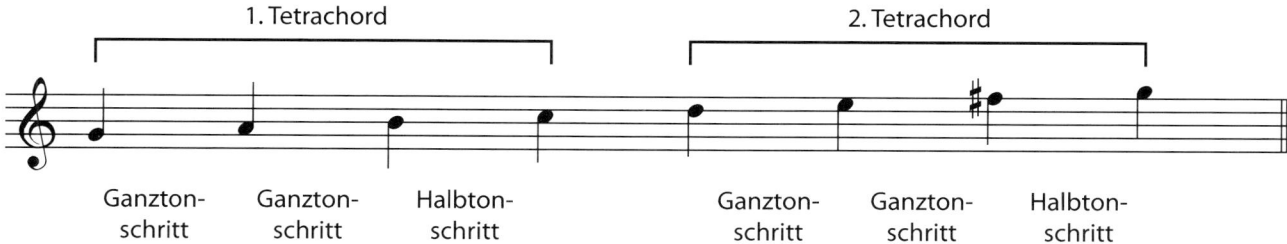

Auf diese Weise lassen sich jeweils auf der Quinte des 2. Tetrachordes weitere Tonleitern bilden. Es wird also jedes Mal der 7. Ton der neuen Leiter mit einem Kreuzvorzeichen erhöht.
Führt man dieses Prinzip der Tonleiterbildung für alle 12 Tonarten durch, so ergibt sich für die letzten Tonarten eine sehr große Anzahl von Kreuzen, die das Ganze doch sehr unübersichtlich erscheinen lassen.
Aus diesem Grund wird das Prinzip nun genau umgekehrt betrachtet, das heißt:
Die ersten vier Töne der C-Dur-Tonleiter sollen nun als 2. Tetrachord gedeutet werden.
Wir nehmen wieder das Tonmaterial der C-Dur-Tonleiter und setzen schrittweise vier Töne nach unten vor das c.

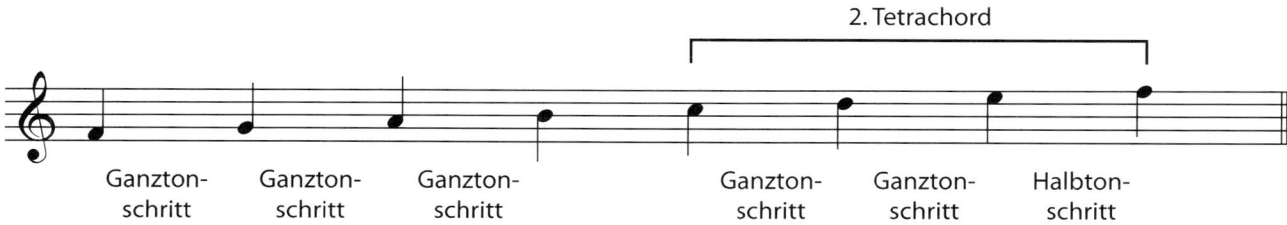

Nun besteht die erste Vierergruppe aus drei Ganztonschritten. Um wieder die Struktur der Dur-Leiter zu erhalten, wird der 4. Ton (H) durch ein ♭-Vorzeichen zum B erniedrigt.
Jetzt ist die gewünschte Struktur wieder hergestellt.

Durch die Erniedrigung des 4. Tones im ersten Tetrachord der Leiter ergeben sich so die Dur-Tonleitern der ♭-Tonarten.
Stellt man alle so entstandenen Tonarten grafisch zusammen, ergibt sich der sogenannte **Quintenzirkel**.

Der Quintenzirkel

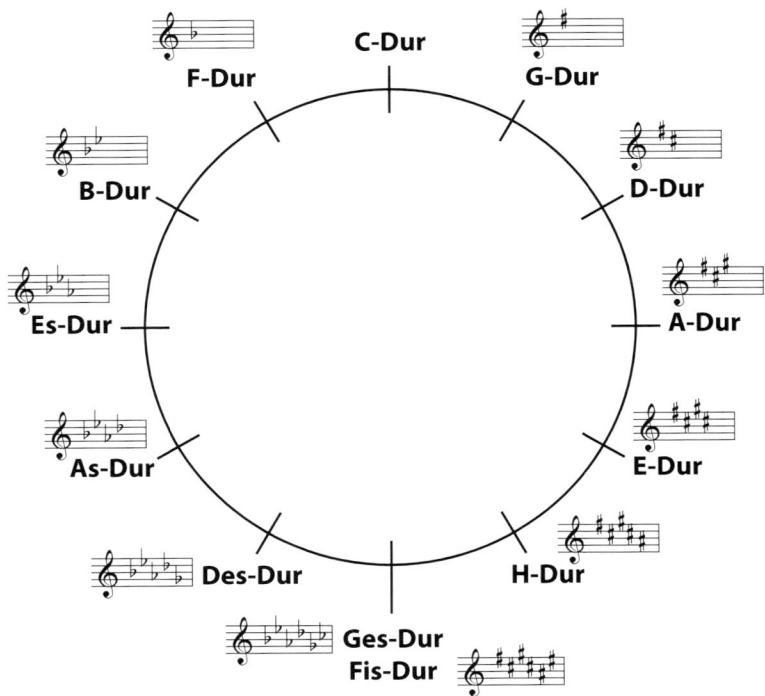

Der Quintenzirkel mit den parallelen Molltonarten

(Die parallelen Molltonleitern werden auf der 6. Stufe der jeweiligen Dur-Tonleiter gebildet.)

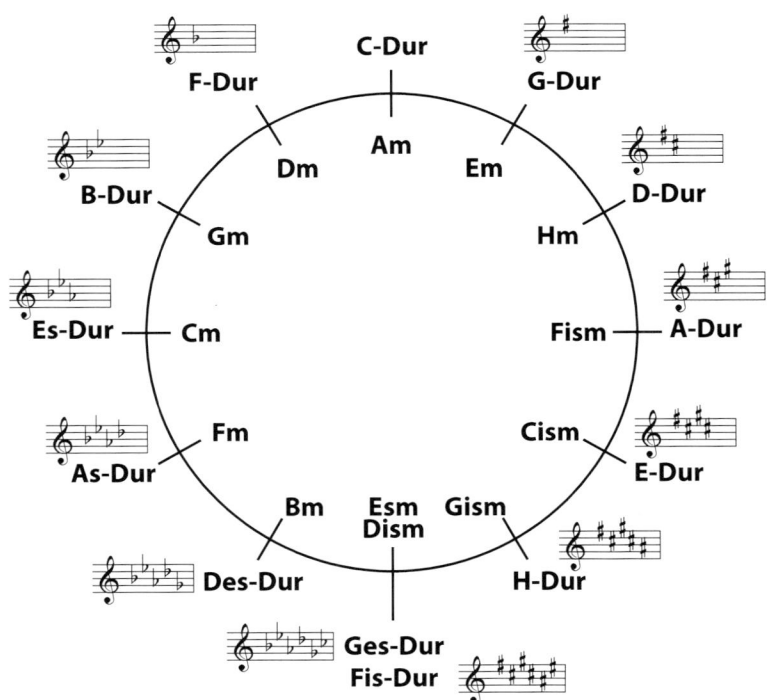

71. Zusammenfassung der Dur-Tonleitern

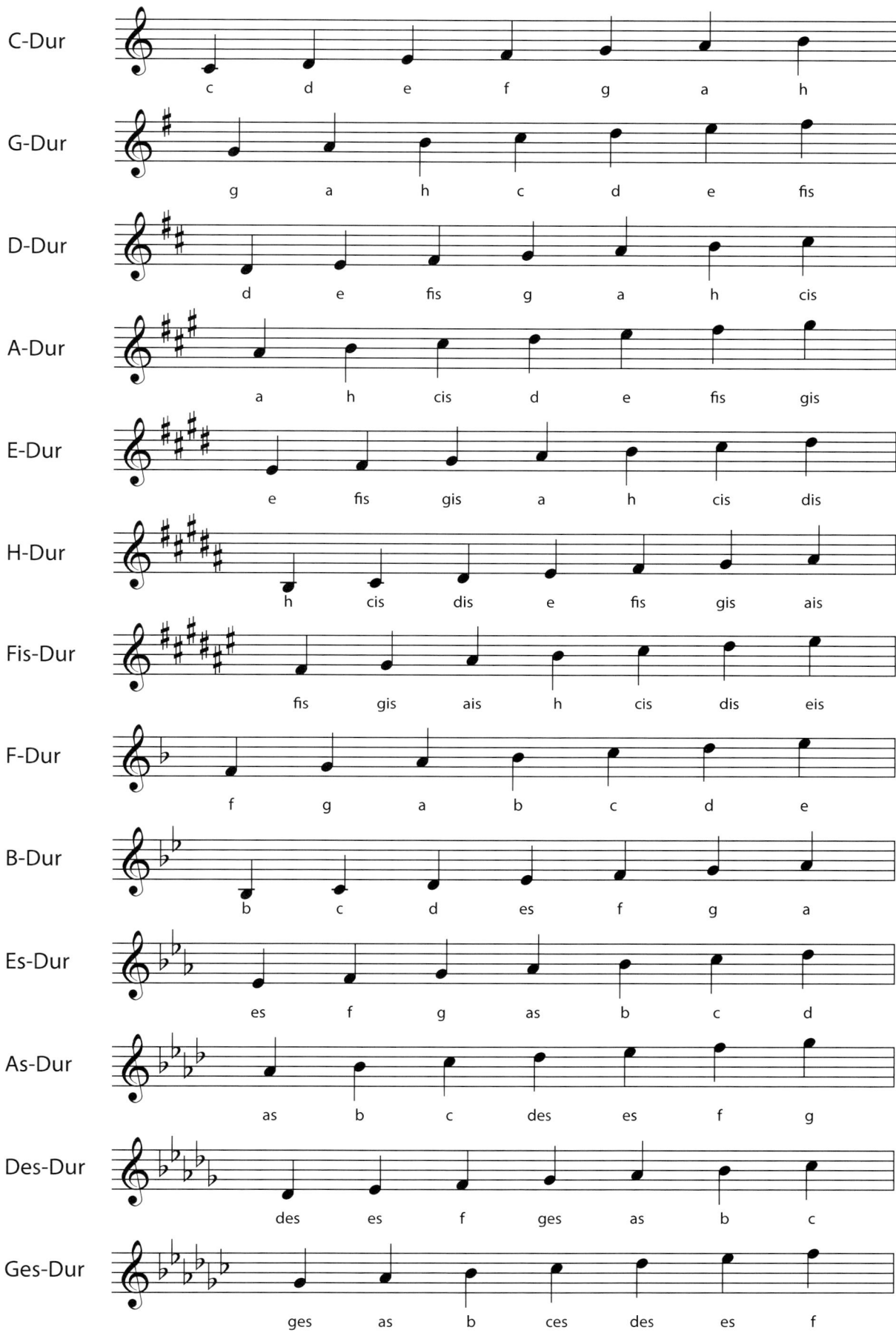

72. Die Keyboard-Begleitautomatik

Die Keyboard-Begleitautomatik betrifft den Bassbereich eines Keyboards und eröffnet verschiedene Möglichkeiten zur Vereinfachung der Begleitung eines Stückes.
Obwohl die Keyboardhersteller im Detail unterschiedliche Griffweisen verwenden, ist das Prinzip jedoch bei allen gleich. Die Begleitautomatik bildet im Zusammenhang mit einem vorgewählten Musik-Stil (Style), der auch mit dem keyboardinternen Schlagzeug kombiniert werden kann, eine passende Bassfigur, bzw. eine Bassfigur mit Akkordbegleitung.
Es gibt grundsätzlich zwei unterschiedliche Verfahren zur Erzeugung der Begleitung:
- Die Einfinger-Automatik (Single Finger)
- Die Automatik mit konventionell gegriffenen Akkorden (Fingered Chords)

1. Einfinger-Automatik (Single Finger)

Dur-Akkorde
Die Erzeugung einer Begleitfigur für Dur-Akkorde ist bei allen Keyboardmarken gleich. Es wird nur der Grundton des Akkordes angeschlagen, z. B. für C-Dur:

Zur Erzeugung einer Begleitfigur für Moll-, Dursept- und Mollsept-Akkorde gibt es bei den Keyboardmarken Unterschiede; hier zwei Hersteller im Vergleich.

Moll-Akkorde, Keyboardhersteller 1
Der Grundton und eine beliebige schwarze Taste links davon werden anschlagen, z. B. für C-Moll:

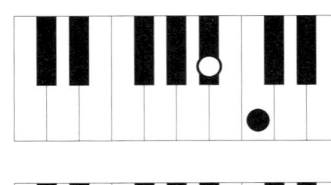

Moll-Akkorde, Keyboardhersteller 2
Der Grundton und eine beliebige Taste rechts davon werden angeschlagen, z. B. für C-Moll:

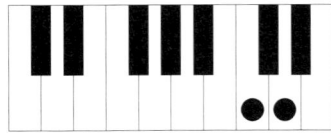

Septakkorde, Keyboardhersteller 1
Der Grundton und eine beliebige weiße Taste links davon werden angeschlagen, z. B. für C7:

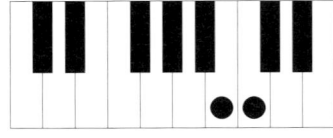

Septakkorde, Keyboardhersteller 2
Der Grundton und zwei beliebige Tasten rechts davon werden angeschlagen, z. B. für C7:

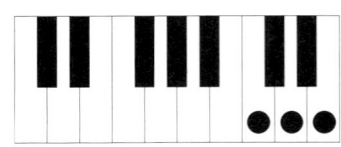

Moll-Septakkorde, Keyboardhersteller 1

Der Grundton, eine beliebige schwarze Taste und eine beliebige weiße Taste links davon werden angeschlagen, z. B. für Cm7:

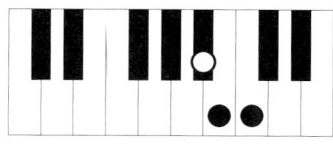

Moll-Septakkorde, Keyboardhersteller 2

Der Grundton und drei beliebige Tasten rechts davon werden angeschlagen, z. B. für Cm7:

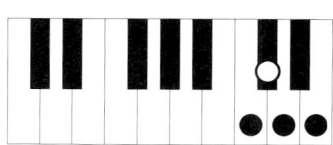

2. Konventionelle Griffweise (Fingered Chords)

Bei dieser Griffweise werden die Akkorde „ganz normal" mit den Akkordtönen (Grundton, Terz, Quinte, Septe, usw.) gegriffen. Die Keyboardautomatik erzeugt nun dem gegriffenen Akkord entsprechend die Begleitung. Bei Umkehrungen sind nicht alle Keyboardfabrikate in der Lage, die gedrückten Töne dem gewünschten Akkord zuzuordnen. Ein Blick in die Betriebsanleitung des Keyboards klärt auf.
Liegt der Grundton des Akkordes unten, kann eigentlich nichts falsch gemacht werden, jedoch sind größere Lagen-Sprünge bei dieser Methode nicht immer vermeidbar.

Die folgenden Beispiele gelten für alle Keyboardmarken. Bei den meisten Fabrikaten kann bei den Septakkorden (7), den Major-Septakkorden (maj7) und den Moll-Septakkorden (m7) die Quinte des Akkordes weggelassen werden.
Beim verminderten Septakkord (o7) kann die verminderte Septe weggelassen werden.

Mit der konventionellen Griffweise können die meisten der Akkorde für ein Spielen mit der Keyboardautomatik erstellt werden. Die folgenden Beispiele zeigen jeweils die Grundstellung. Da es für die Anzahl der Akkorde, die mit der Keyboardautomatik gespielt werden können ebenfalls von Hersteller zu Hersteller Unterschiede gibt, schaue man zur Vervollständigung in die Betriebsanleitung.

C-Dur

C-Moll

C7 (Die Quinte kann weggelassen werden.)

Cm7 (Die Quinte kann weggelassen werden.)

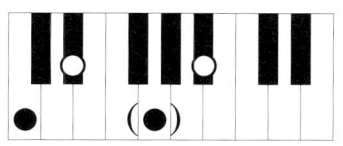

Co7 (Die verminderte Septe kann weggelassen werden.)

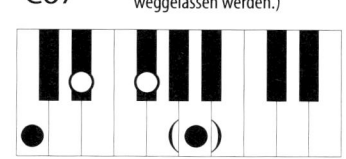

Cmaj7 (Die Quinte kann weggelassen werden.)

CD-Verzeichnis

Mit dem QR-Code auf Seite 2 kannst du dir die Audio-Tracks auf dein Smartphone, dein Tablet oder deinen Computer herunterladen.

Herb Kraus

Das große Buch für Akkordeon

Diese Schule für Piano-Akkordeon zeigt dir den leichten Weg zum perfekten Akkordeonspiel. Das große Buch für Akkordeon ist gleichermaßen für den Unterricht an Musikschulen als auch für das Selbststudium geeignet.

Angefangen bei der Notenschrift und der richtigen Haltung des Instruments über einfache Übungen zur Balgführung und zum Spiel mit beiden Händen führt dich diese Schule Schritt für Schritt in die vielschichtige Welt des modernen Akkordeonspiels. Schon nach kürzester Zeit beherrschst du erste Melodien. Die spielerische Einführung in das Zusammenspiel beider Hände macht Spaß und bringt den garantierten Erfolg. Weitere Unterstützung geben dir zahlreiche Bilder, Grafiken sowie musiktheoretische Erklärungen beim Arbeiten mit diesem Buch.

Alle Stücke sind sorgsam arrangiert, so dass immer entsprechend deines Könnens die optimale Spielbarkeit gegeben ist.

Das äußerst breite Spektrum verschiedenster Musikstile reicht von Volkslied und Walzer über Gospel, Country-Music bis hin zu Folksong, Pop und Rock. Zu den Highlights gehören Titel wie La Paloma, Lady in black, El condor pasa, Yellow bird, Hey Jude, Sail along silvery moon, Country roads und vor allem das Bravour-Stück Tico Tico.

DIN A4, 160 Seiten, vierfarbig, Spiralbindung
ISBN: 978-3-8024-0990-5

Bessler/Opgenoorth

Keyboardtabelle
Das Nachschlagewerk für Keyboarder.

Die praxisgerechte Übersicht über Akkorde, Tonleitern und harmonische Verwandtschaften für Jazz-, Rock- und Popmusik.

Alle Akkorde und die wichtigsten Skalen werden sowohl in Notenschrift wie als Tastendiagramm oder Griffbild gezeigt, daher ist dieser Band gleichermaßen für Anfänger und Fortgeschrittene geeignet.

Diese Tabelle ermöglicht jedem die Erweiterung seiner musikalischen Fähigkeiten.

Im handlichen Format, DIN A5, 128 Seiten
ISBN: 978-3-8024-0250-0

„Übersichtliche, preiswerte Keyboardtabelle für alle Musiker, die selbst komponieren oder arrangieren." beat